W. Ben Hunt

So wirst du ein echter Indianer

SCHNEIDER BUCH

Vorwort

Das Leben der nordamerikanischen Indianer war tief in alten Traditionen verwurzelt. Sie lebten mit der Natur und in enger Verbundenheit mit den Tieren. Ihre Kleidung, ihre Wohnung, der Schmuck, die Tänze – alles hatte einen Bezug zur Natur. Durch das Eindringen der Weißen und die Zerstörung des Lebensraums und der Nahrungsquellen der Indianer wurden viele dieser alten Traditionen zerstört. Doch einige sind noch immer lebendig.

Dieses Buch soll möglichst originalgetreu wiedergeben, wie die Indianer lebten, tanzten, wohnten, sich kleideten. Deshalb sind auch die Anleitungen zum Basteln „echt indianisch". Selbstverständlich müßt ihr aber nicht dieselben Materialien verwenden, wie sie im Buch angegeben sind: Statt Adlerfedern dürfen es Truthahn- oder Gänsefedern sein, statt Leder Jeans-Stoff. Auch die im Buch angegebenen Maßeinheiten könnt ihr verändern. Ein Tipi (Zelt) muß nicht in der Originalgröße gebaut werden.

Wenn ihr beim Basteln, Malen, Verkleiden und Tanzen immer überlegt, was die einzelnen Dinge für die Indianer bedeutet haben und noch immer bedeuten, könnt ihr vielleicht ein bißchen besser verstehen, wie das Leben der Indianer in dem freien, wilden Amerika von früher gewesen sein muß.

Und nun viel Spaß beim Indianerspiel!

Die Deutsche Bibliothek – CIP-Einheitsaufnahme

Hunt, Walter Ben:
So wirst du ein echter Indianer : Infos und Tips zum
Selbermachen / W. Ben Hunt. [Übers. aus dem Engl.: Angela
Djuren]. – Neu überarb. Ausg. – München : F. Schneider, 1995
ISBN 3-505-10181-8

© 1995 (1976) by Franz Schneider Verlag GmbH
Schleißheimer Straße 267, 80809 München
Alle Rechte vorbehalten
Neu überarbeitete Ausgabe
Titel der Originalausgabe: Indian Crafts and Lore
Originalverlag: © 1954 Western Publishing Inc.
Racine, Wisconsin
Titelfoto: Dominik Parzinger
Umschlaggestaltung: Claudia Wolfrath
Übersetzung: Angela Djuren
Lektorat: Susanne Härtel
Satz: FIBO Lichtsatz GmbH, München
Druck: Staudigl-Druck, Donauwörth
Bindung: Conzella Urban Meister, München-Dornach
ISBN 3-505-10181-8

Die wichtigsten
Indianerstämme Nordamerikas

Abenaki	Erie	Mohican	Quapaw
Algonkin	Flathead	(Mohikaner)	Ribgan
Apache	Gros Ventre	Mohawk	Salish
Arapaho	Havasupai	Montagnois	Salinan
Arikara	Haida	Muskogee	Seminole
Assiniboin	Hidatsa	Narraganset	Seneca
Bannock	Hopi	Natchez	Shawnee
Bellacoola	Hcarilla	Navajo	Shoshone
Beothuk	Hunkpapa	Nez Percé	Sioux
Blackfoot	Huron	Nootka	Susquehanna
(Schwarzfuß)	Illinois	Oglala	Tillmook
Blood	Iroquois	Ojibwa	Tlingit
Carrier	(Irokesen)	Omaha	Tonkawa
Cherokee	Kansa	Oneida	Tsimshian
Cheyenne	Kickapoo	Onondaga	Tuscarora
Chikasaw	Kiowa	Osage	Ute
Chinook	Klamath	Oto	Walapi
Chipewya	Makoki	Ottawa	Wichita
Choctaw	Mandan	Paiute	Winnebago
Chumash	Maricopa	Papago	Wyandot
Comanche	Massachuset	Pawnee	Yakima
Cree	Mescalero	Pennacook	Yokuts
Creek	Miami	Penobscot	Yuki
Crow (Krähen)	Micmac	Pequot	Yuma
Dakota	Missouri	Potawatomi	Zia
Delaware	Mohave	Pueblo	Zuni

Inhalt

Wer sind die Indianer?

Viele Geschichten und Vorstellungen über die Indianer stimmen nicht. Selbst der Name „Indianer" ist verwirrend.

Als Kolumbus an der Küste von San Salvador landete, glaubte er, Indien erreicht zu haben. In einem Brief vom Februar 1493 nennt er deshalb die Bewohner der Insel „Indios".

Obwohl die Bezeichnung „Indio" oder „Indianer" irreführend ist, hat sie sich in allen Weltsprachen durchgesetzt.

Die weißen Händler benutzten den Ausdruck „Rothaut" für die Indianer. Das kam daher, daß manche Stämme sich mit roter Farbe bemalten und nicht, weil Indianer eine rote Hautfarbe haben.

Wer sind die Indianer? Woher kommen sie? Wie lange leben sie schon in Amerika? Diese Fragen sind immer noch nicht ganz geklärt.

Die Forscher stimmen heute allgemein darin überein, daß die Vorfahren der Indianer aus Asien stammen. Die amerikanischen Indianer und die Ostasiaten zeigen sehr große Ähnlichkeit. Selbst heute sind Nordamerika und Asien nur durch eine etwa 80 km breite Wasserstraße voneinander getrennt, doch vor vielen Jahrtausenden bestand vielleicht eine Land- oder Eisverbindung, über die manche Stämme herüberwanderten.

Während der Eiszeit gab es offenbar Perioden, in denen die Gletscher sich zurückbildeten. Bestimmte Gebiete waren wahrscheinlich sogar während des Höhepunktes der Vereisung eisfrei. Durch diese Gebiete führten einige Wanderwege von Asien nach Nordamerika.

Zweifellos gab es mehrere Wanderungen von einem Kontinent zum anderen. Manche ergaben sich vielleicht aus Zufall, zum Beispiel wenn Boote vom Sturm auf die See hinausgetrieben wurden. Vielleicht wanderten auch Gruppen von Jägern auf der Suche nach Großwild über die gefrorene See, durchquerten Alaska und wandten sich dann nach Süden.

Kolumbus landet an der Küste von San Salvador.

Wir wissen heute mit Sicherheit, daß seit mindestens 20 000 Jahren Menschen auf dem nordamerikanischen Kontinent leben. Genau läßt sich das natürlich nicht bestimmen. Den besten Beweis für die Existenz des Menschen zu einem gewissen Zeitpunkt liefern Waffen- oder Skelettfunde von Tieren.

Vorfahren der Indianer wandern nach Nordamerika.

Grönland

Asien

Nordamerika

Mögliche Wanderwege von Asien nach Nordamerika.

eine ausgekerbte Rinne, so daß sie hohl wirken. Feuersteine vom Typ der Folsomspitzen hat man an vielen anderen Stellen in Massachusetts, in Kanada und in Texas gefunden. Sie gehören zu den ältesten menschlichen Zeugnissen auf dem nordamerikanischen Kontinent.

1926 fanden Vorgeschichtsforscher in der Nähe von Folsom, New Mexico, bei den versteinerten Knochen einer längst ausgestorbenen Bisonart zwei blattförmige Feuersteinklingen, die heute unter dem Namen „Folsomspitzen" bekannt sind. Mehrere Jahre später wurden ähnliche Feuersteinklingen bei den Skeletten von über 20 großen Bisons entdeckt. Allen Bisons fehlten die Schwanzknochen, ein Zeichen dafür, daß sie von Menschen getötet worden waren. Beim Enthäuten wird nämlich der Schwanz entfernt.

Diese Folsomspitzen sehen ganz anders aus als spätere Feuersteinklingen. Sie sind an den Seiten geriffelt, ungefähr 5 cm lang, ziemlich dünn und gut ausgearbeitet. Im Unterschied zu anderen Pfeilspitzen haben sie in der Mitte

Folsomspitze

Spätere Feuersteinklinge

13

Die nordamerikanischen Kulturzonen
mit den dort ursprünglich lebenden Indianerstämmen

- Prärie
- Hochebene
- Nordwesten
- Östliches Waldland
- Südosten
- Eskimos
- Südwesten
- Kalifornien
- Mexiko
- Nordwesten

Mackenzie-Eskimo
Smith Sound Eskimo
Nordgrönland Eskimo
Südgrönland Eskimo
Eskimo
Dogrib
Tlingit
Kaska
Beaver
Caribou-Eater
Chipewya
Carrier
Tsimshian
Haida
Bellacoola
Salish
Nootka
Chinook
Blackfoot
Ribgan
Blood
Plains Cree
Plains Ojibwa
Swamp Cree
Central Cree
Montagnois
Beothuk
Flathead
Yakima
Gros Ventre
Nez Percé
Arikara
Hidatsa
Mandan
Crow
Oglala
Ojibwa
Ottawa
Algonkin
Abenaki
Penobscot
Micmac
Klamath
Bannock
Shoshone
Wind River
Dakota
Iowa
Winnebago
Huron
Wyandot
Mohawk
Seneca
Iroquois
Erie
Pennacook
Massachuset
Pequot
Narraganset
Yuki
Yokuts
Palute
Ute
Navaho
Pawnee
Arapaho
Cheyenne
Oto
Kansa
Missouri
Potawatomi
Miami
Kickapoo
Illinois
Delaware
Susquehanna
Salinan
Havasupai
Walapi
Hopi
Pueblo
Hcarilla
Jemez
Kiowa
Apache
Wichita
Comanche
Osage
Quapaw
Caddo
Shawnee
Cherokee
Tuscarora
Chumash
Maricopa
Zuni
Apache
Yuma
Papago
Mescalero
Tonkawa
Natchez
Chickasaw
Choctaw
Creek
Seminole

Indianerstämme

Alle Indianerstämme mit der gleichen Lebensweise wurden in verschiedene Kulturzonen eingeordnet. Auf dem nordamerikanischen Kontinent gibt es zehn solcher Zonen: das östliche Waldland (USA), der Südosten (USA), die Prärie (USA), das Hochland (USA), der Südwesten (USA, Mexiko, Kalifornien [USA]), der Nordwesten (Kanada) und das Land der Eskimos (USA und Kanada). Innerhalb dieser Kulturzonen werden ungefähr 30 verschiedene Sprachen und etwa 600 Dialekte gesprochen.

Bei den Stammesnamen handelt es sich gewöhnlich nicht um indianische Bezeichnungen, sondern um Verstümmelungen indianischer Namen durch die Spanier, Franzosen oder Engländer. Manchmal sind es auch Spitznamen des einen Stammes für den anderen oder falsch übersetzte indianische Namen. Die Indianer benutzen die meisten dieser Namen gar nicht, außer in der Unterhaltung mit Weißen. Ihr indianischer Name ist meistens ihr Stammeswort für „Mensch" oder „Volk".

Die wirklichen indianischen Namen herauszufinden ist sehr schwierig. Die Fehler, die vor der Erforschung der indianischen Sprachen gemacht wurden, gelten inzwischen als feststehende Tatsachen.

Als Beispiel für das Durcheinander bei indianischen Stammesnamen nehmen wir den Namen des Chippewa-Stammes. In früheren Schriften wurde fälschlicherweise behauptet, daß der Name von dem Chippewa-Wort „O-jib-ub-way" herrührt und „rösten bis zum Hochkräuseln" bedeutet, was auf die gekräuselten Nähte der Mokassins dieses Stammes zurückgeht. Heute steht fest, daß das Wort „Ojibwa" eine Entstellung des Stammeswortes „O-jib-i-weg" ist und übersetzt heißt: „Diejenigen, die Bilder oder Bildzeichen malen". Das Stammeswort für „Chippewa" lautet „Ah-nee-she-nah-be" und bedeutet „Erster Mann".

Ein anderes Beispiel bietet das Wort „Sioux" (Suh ausgesprochen). Die Ojibwa nennen die Sioux „Na-do-wes-si-weg", was „Schlange" oder „Feind" bedeutet. Die Franzosen machen daraus „Na-do-wes-si-oux". Anfang des 19. Jahrhunderts nahmen die Amerikaner die letzten beiden Silben davon und sprachen sie „Suh" aus.

Doch damit noch nicht genug: Die „Sioux" selbst nennen sich „Dakota" oder „Lakota", je nach Dialekt. Und das heißt in ihrer Sprache „Verbündete".

Zu den verwirrendsten indianischen Namen gehört „Siwash". Es hat nie einen Stamm mit diesem Namen gegeben, noch gibt es ihn heute. Dieser Name ist eine Entstellung des französischen Wortes „sauvages" (Wilde). In den Anfangsjahren der Erforschung des Nordwestens entwickelte sich die Handelssprache „Chinook", ein Gemisch aus indianischen und nicht-indianischen Wörtern. In dieser künstlichen Sprache hießen die Indianer Si-wash, um sie von den Weißen zu unterscheiden.

Der Steinadler

Der Steinadler ist der schönste und edelste Vogel Nordamerikas. Er wird 80 bis 100 cm groß und erreicht eine Flügelspannweite von bis zu 2,30 m. Seinen Kriegsruf kann man von Alaska bis Südkalifornien hören. Wegen seiner großen Kraft und seines großes Mutes bewunderten ihn die Indianer und betrachteten seine Federn als den schönsten Schmuck.

Den 13 Schwanzfedern des ausgewachsenen Vogels wurde besondere Heilkraft zugeschrieben. Diese Federn sind weiß mit dunkelbraunen Spitzen und 30 bis 35 Zentimeter lang. Die Flügelfedern wurden für Kopfschmuck, Tanzschmuck und andere Kultgegenstände benutzt. Oft stellten die Indianer aus nur einem Adler einen ganzen Kopfschmuck her, die langen Schwanzfedern nahmen sie für den vorderen Teil, die Flügelfedern in abgestufter Größe für den Rücken. Die rechten Flügelfedern kamen an die rechte Seite, die linken an die linke.

Die Flaumfedern unter dem Schwanz bildeten den unteren Rand für die größeren Federn. Die beiden größten Flaumfedern hießen wegen ihrer Leichtigkeit Atemfedern, weil sie sich beim leisesten Hauch bewegten, als ob sie atmeten.

Da der Steinadler vom Aussterben bedroht ist und deshalb unter Naturschutz steht, müssen wir uns mit Imitationen begnügen.

Dafür eignen sich die Flügel- und Schwanzfedern eines weißen Truthahns (oder einer Gans), wenn man die Spitzen braun färbt.

Die Indianer hatten verschiedene Methoden, sich die Adlerfedern zu beschaffen. Manche Stämme gruben ein Loch in die Erde, in dem sich ein tapferer Mann versteckte. Als Köder diente ein lebendes Kaninchen oder Büffelfleisch. Die Öffnung der Falle wurde mit einer Büffelhaut oder Gestrüpp bedeckt. Ein genügend großes Loch ließ man jedoch frei. So konnte der in dem Loch kauernde Indianer die Schwanzfedern des Adlers packen, wenn dieser sich niedersetzte, um den Köder zu schnappen. Der Vogel verlor seine Federn, konnte aber unverletzt entkommen. Bei der nächsten Mauserung wuchsen ihm wieder neue Schwanzfedern nach. Diese Methode war sehr gefährlich. Oft entdeckten Bären, die der Köder angelockt hatte, den Indianer und töteten ihn. Manchmal wurden die Adler auch gefangen und wegen ihrer Federn, Flaumfedern und Klauen getötet.

Ein Bär nähert sich einer Adlerfalle.

16

Adler in Gefangenschaft

Es gab auch Stämme, die junge Adler aus dem Nest holten. Sie banden die Vögel am Bein an einen langen Lederriemen und hielten sie ausschließlich wegen ihrer Federn, die sie ihnen in regelmäßigen Abständen ausrissen. Diese Adler wurden selten zahm und sehnten sich ständig nach der Freiheit zurück. Immer wieder flogen sie so hoch in die Luft, wie es der Lederriemen zuließ. Ihr wütendes Kreischen war weithin zu hören.

Gleichgültig, wo oder wie ein mutiger Indianer Adlerfedern erwarb, nach den Stammesgesetzen durfte er sie erst tragen, wenn er sie durch eine tapfere Tat verdient hatte. Er mußte vor dem Stammesrat erscheinen und seine Heldentat erzählen oder darstellen. Dann wurden Zeugen vernommen, und erst, wenn der Rat die Tat für würdig hielt, bekam der tapfere Mann die Erlaubnis, die wertvolle Feder in seinem Haar oder als Kriegsschmuck zu tragen.

Eine besondere Heldentat war der „Coup", das direkte Berühren eines unverwundeten Feindes mit der bloßen Hand oder einer Keule, dem Coup-Stock. Manchmal steckte man als zusätzliches Ehrenzeichen für einen Coup ein Büschel Pferdehaar oder Flaum an die Spitze einer Feder. Manche Stämme schnitten Kerben in die „Coup"-Federn oder bespritzten sie mit Farbe, um damit auf die Tat hinzuweisen.

Diese „Coup"-Federn der amerikanischen Indianer lassen sich mit Medaillen moderner Soldaten vergleichen. Ein Indianer trennte sich lieber von seinem Pferd, seinem Tipi (Zelt) oder sogar von seiner Frau, als seine Adlerfedern zu verlieren. Ohne sie war er in den Augen des Stammes ehrlos. Viele indianische Häuptlinge, wie „Many Coup" vom Stamm der Kräheindianer, hatten so viele Ehrenzeichen errungen, daß sie einen doppelreihigen Kopfschmuck tragen konnten, der auf dem Boden nachschleifte; sogar ihre Lanze war mit weiteren Federn besetzt.

Die Stammesversammlung lauscht dem Bericht der Heldentat.

Das Herrichten der Federn

Flaumfeder

Feder

Klebeband

Hatte ein Krieger genügend Federn für den Kopfschmuck zusammen, lud er ein paar Freunde in sein Tipi ein. Nach einer guten Mahlzeit und einer Pfeife breiteten sie die Federn feierlich aus und sortierten sie nach der Größe. Beim Herrichten der einzelnen Federn erzählten sie noch einmal die Geschichten der damit verbundenen Heldentaten.

Für einen Kopfschmuck braucht ihr unbedingt gute Federn. Vielleicht könnt ihr euren Geflügelhändler bitten, euch die Schwanzfedern seiner Truthähne aufzubewahren. Vor dem Gebrauch müßt ihr die Federn waschen. Die Anweisungen dafür findet ihr auf Seite 28 und 29. Verderbt euren Kopfschmuck nicht durch allzu bunte Federn. Die richtigen Farben für einen indianischen Kopfschmuck sind: weiße Adler- bzw. Truthahnfedern mit dunkelbraunen Spitzen, weiße Flaumfedern für den unteren Rand, eine rote Filzeinfassung mit gelben Bändern, weißer Flaum für die Spitzen und rot- oder gelbgefärbtes Pferdehaar.

Die Schlaufen für die Befestigung der Federn am Kopfschmuck kann man auf zwei Arten herstellen:

1. Man weicht das Ende des Federkiels in hei-

Wie man am Federkiel eine Schlaufe macht

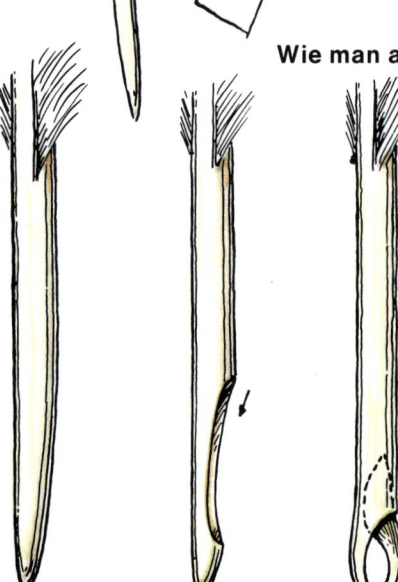

1. Federkiel-Ende in heißem Wasser aufweichen und mit scharfem Messer einschneiden.

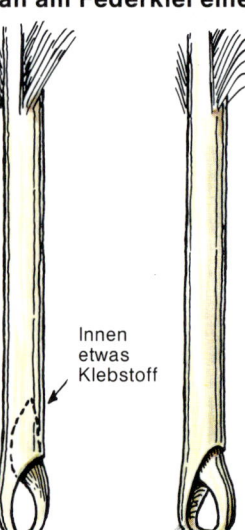

Innen etwas Klebstoff

2. Tragt etwas Klebstoff am Federende auf, und drückt es in den Kiel hinein.

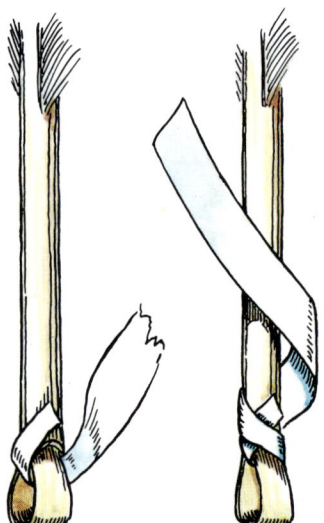

3. Trocknen lassen, Band durchziehen und umwickeln.

ßem Wasser auf, kerbt es mit einem Messer ein und drückt das Ende nach oben in den Federkiel hinein, wodurch eine Schlaufe entsteht. Das ist die indianische Methode (siehe S. 18).

2. Diese Methode ist leichter und ergibt eine festere Schlaufe: Man klebt einen 6 mm langen, dünnen Lederstreifen an den Federkiel und umwickelt ihn mit Klebeband (siehe S. 22). Als nächstes muß man die unteren Flaumfedern anbringen. Wie das geht, seht ihr auf dieser Seite und auf Seite 22.

Besser mehr als eine Flaumfeder vor jeden Federkiel stecken, denn ein gut gemachter Kopfschmuck sollte üppig mit Flaumfedern ausgestattet sein.

Zum Schluß werden alle fertigen Federn an einer Kappe (aus einem alten Filzhut) befestigt. Schneidet die Kappe nicht zu knapp zu, damit sie auch gut sitzt. Sie muß gut über beide Ohren reichen und so lange anprobiert werden, bis sie wirklich paßt. Auf Seite 21 findet ihr die Beschreibung, wie man die Federkiele durch die Kappe zieht.

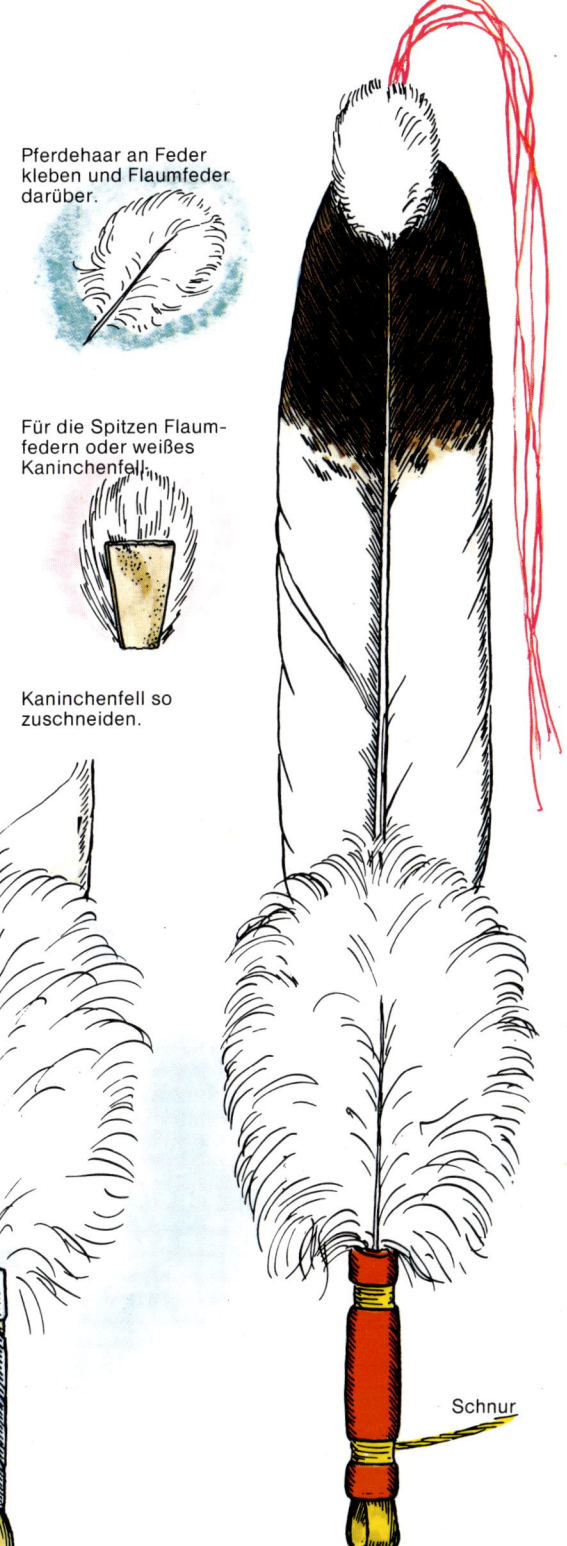

Pferdehaar an Feder kleben und Flaumfeder darüber.

Für die Spitzen Flaumfedern oder weißes Kaninchenfell.

Kaninchenfell so zuschneiden.

4. Jetzt Flaumfeder hineinstecken und an den Kiel kleben.

5. Band so weiterwickeln.

6. Dann mit rotem Filz oder Flanell umwickeln, Ränder ankleben und mit gelber Schnur umwickeln.

Schnur

3 mm
dicke
Messing-
röhrchen

Zwei solche
Anhänger
können
direkt
vor den
Rosetten
angebracht
werden.

A

20

Der Kopfschmuck

Es gibt in der ganzen Welt keinen farbenprächtigeren Kopfputz als den großen, gefederten Kopfschmuck der Indianer, die Adlerhaube. Anfangs wurde er nur von den Indianern der Prärie getragen und erst später von den Stämmen des Waldlandes und des Südwestens übernommen. Bei jeder indianischen Veranstaltung steht er im Mittelpunkt des Interesses.

Der Kopfschmuck der Sioux ist stark gewölbt, während der Kopfschmuck der Krähenindianer flacher anliegt. Bei den Schwarzfüßen stehen die Federn senkrecht vom Kopf ab.

Nachdem die Federn durch die Kappe gezogen sind, mit Stopfnadel und gewachstem Bindfaden zusammennähen (siehe S. 20 A). Von vorn nach hinten arbeiten. Enden verknoten.

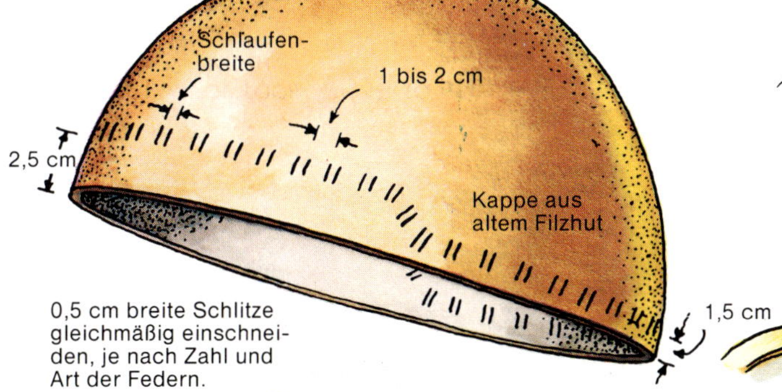

Schlaufenbreite

1 bis 2 cm

2,5 cm

Kappe aus altem Filzhut

0,5 cm breite Schlitze gleichmäßig einschneiden, je nach Zahl und Art der Federn.

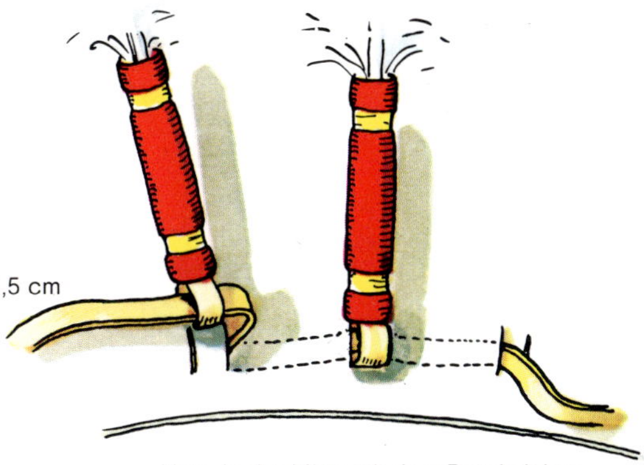

1,5 cm

Vorn in der Mitte mit dem Durchziehen der Federn beginnen. Rechte Federn nach rechts, linke nach links.

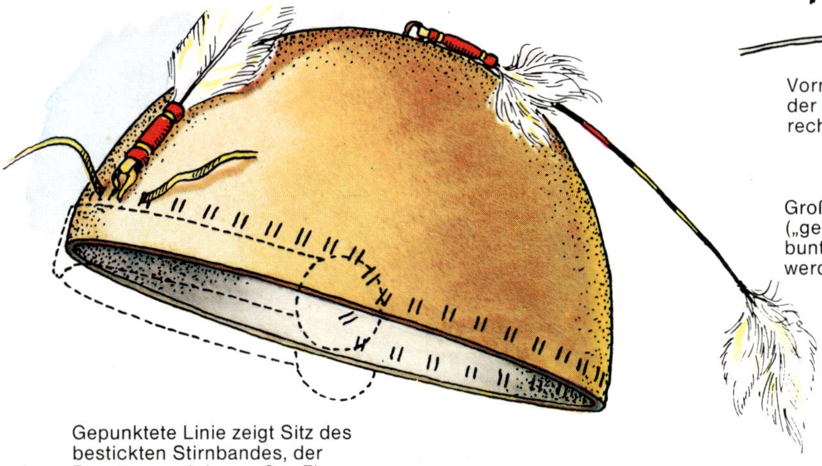

Große Flaumfeder ist geschleißte („gerupfte") Kielfeder. Bunt anmalen oder mit buntem Garn umwickeln. Flaumbüschel werden befestigt.

Gepunktete Linie zeigt Sitz des bestickten Stirnbandes, der Rosetten und der großen Flaumfeder. Perlenstickerei S. 62–69.

Ein Kopfschmuck kann 30 bis 40 Federn haben, je nach Größe der Kappe, Breite der Federn und persönlichem Geschmack.

21

Der doppelreihige Kopfschmuck

Einige der berühmten Prärie-Indianer errangen im Laufe ihres Lebens mehr „Coup"-Federn, als sie für einen vollständigen Kopfschmuck benötigten. Diesen Kriegern erlaubten die Stammesgesetze, einen Kopfschmuck zu tragen, von dem eine oder zwei Reihen Adlerfedern den Rücken herunterhingen, die sogenannte Schleppe

Ursprünglich reichte dieser Kopfschmuck nur bis zum Knie. Als die Indianer aber anfingen zu reiten, verlängerten sie diese Schleppe bis zu den Fersen.

Nehmt so viele Federn, wie ihr für eure Größe braucht. Ein Junge von 1,70 m kommt mit 20 Federn an jeder Seite des Filzstreifens aus. Beginnt mit der größten Feder, und setzt die Reihe mit der jeweils kleineren nach unten hin fort. Die Schleppe sollte etwa 3 cm über dem Boden enden.

Nur die großen, bedeutenden Männer des Stammes hatten das Recht, den doppelreihigen Kopfschmuck zu tragen.

Kiel an 10 cm langen Lederstreifen kleben.

Kleben ist leichter als nähen.

Schräg schneiden.

Mit Klebeband (10 cm lang, 1,5 cm breit) umwickeln.

Mit 4,5 x 6 cm rotem Filz umwickeln.

hinten

6 cm

Mit Schnüren umwickeln, hinten verknoten.

Zum Einsetzen der Flaumfeder Ahle zwischen Filz und Kiel drücken. Klebstoff auf untere Flaumfeder, Ahle herausziehen, Flaumfeder hineinstecken, Flaumfedern zuletzt einsetzen, damit sie sich nicht in den Schnüren verfangen.

Filzstreifen nähen

Besticktes Stirnband

nähen

Federn etwa 15 cm über dem Ende zusammennähen.

15 cm

Mit Stopfnadel gewachsten Bindfaden durch Federn nähen. Vorsicht, Federn brechen leicht.

Damit der Filzstreifen richtig auf der Kappe sitzt, setzt ihn jemand anders auf, und du markierst mit Bleistift die Nahtstellen.

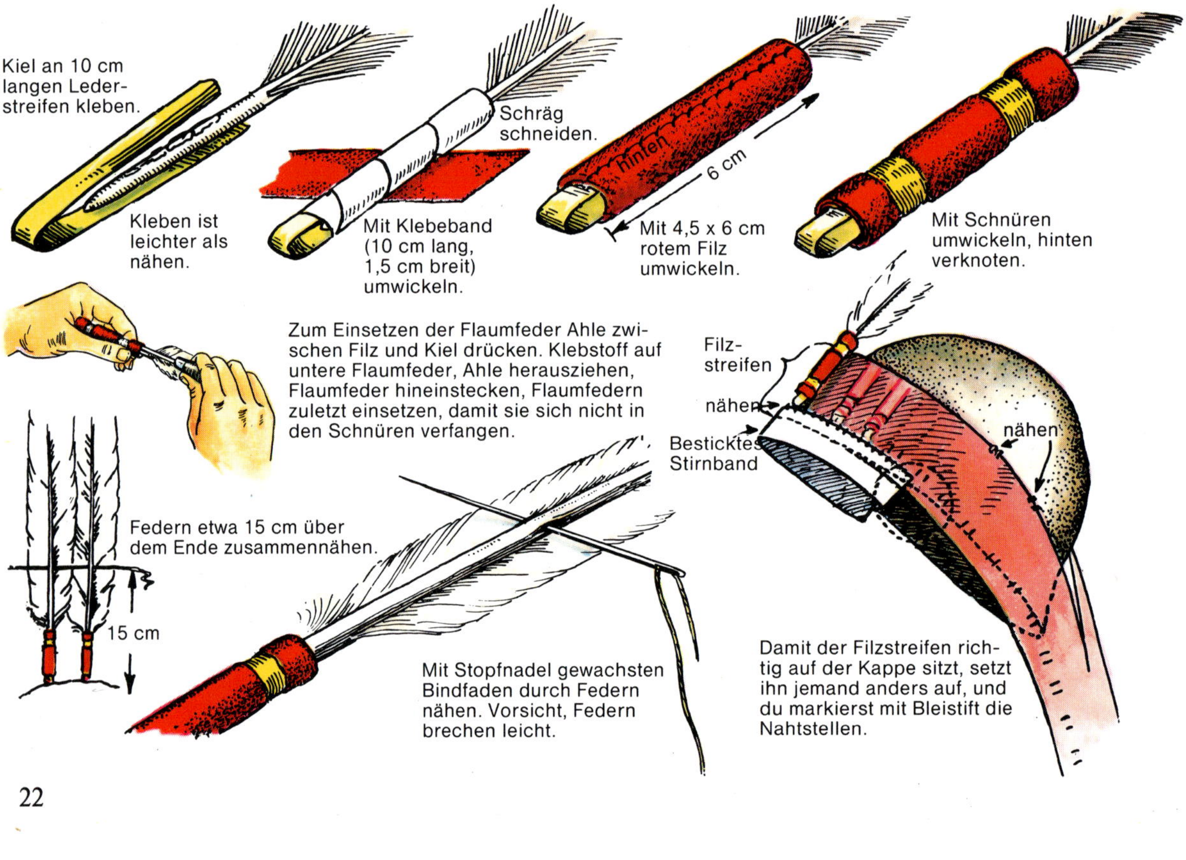

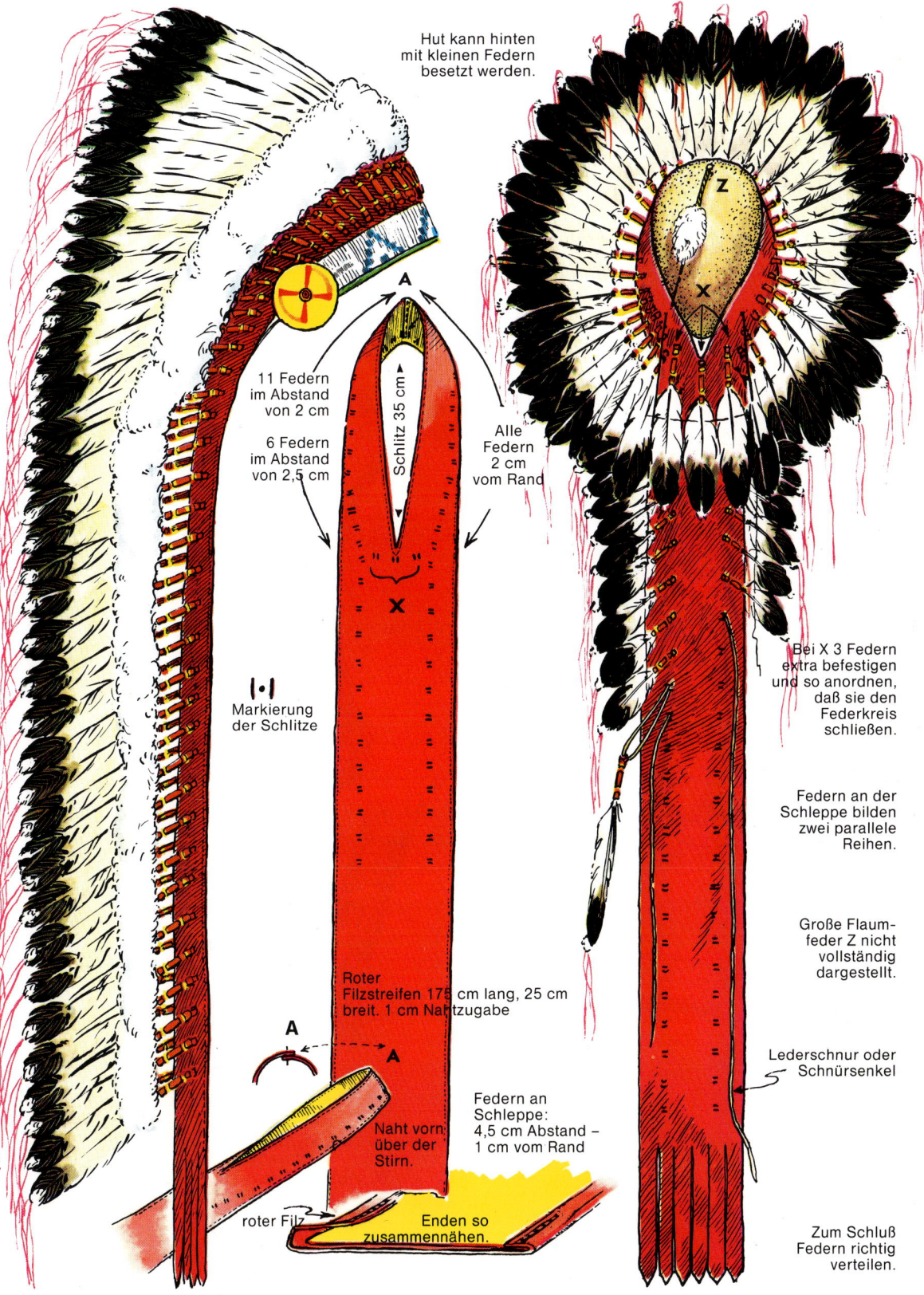

Hut kann hinten
mit kleinen Federn
besetzt werden.

11 Federn
im Abstand
von 2 cm

6 Federn
im Abstand
von 2,5 cm

Alle
Federn
2 cm
vom Rand

Schlitz 35 cm

X

|•|
Markierung
der Schlitze

Z

X

Bei X 3 Federn
extra befestigen
und so anordnen,
daß sie den
Federkreis
schließen.

Federn an der
Schleppe bilden
zwei parallele
Reihen.

Große Flaum-
feder Z nicht
vollständig
dargestellt.

Roter
Filzstreifen 175 cm lang, 25 cm
breit. 1 cm Nahtzugabe

A
A

Naht vorn
über der
Stirn.

Federn an
Schleppe:
4,5 cm Abstand –
1 cm vom Rand

roter Filz

Enden so
zusammennähen.

Lederschnur oder
Schnürsenkel

Zum Schluß
Federn richtig
verteilen.

Der gehörnte Kopfschmuck

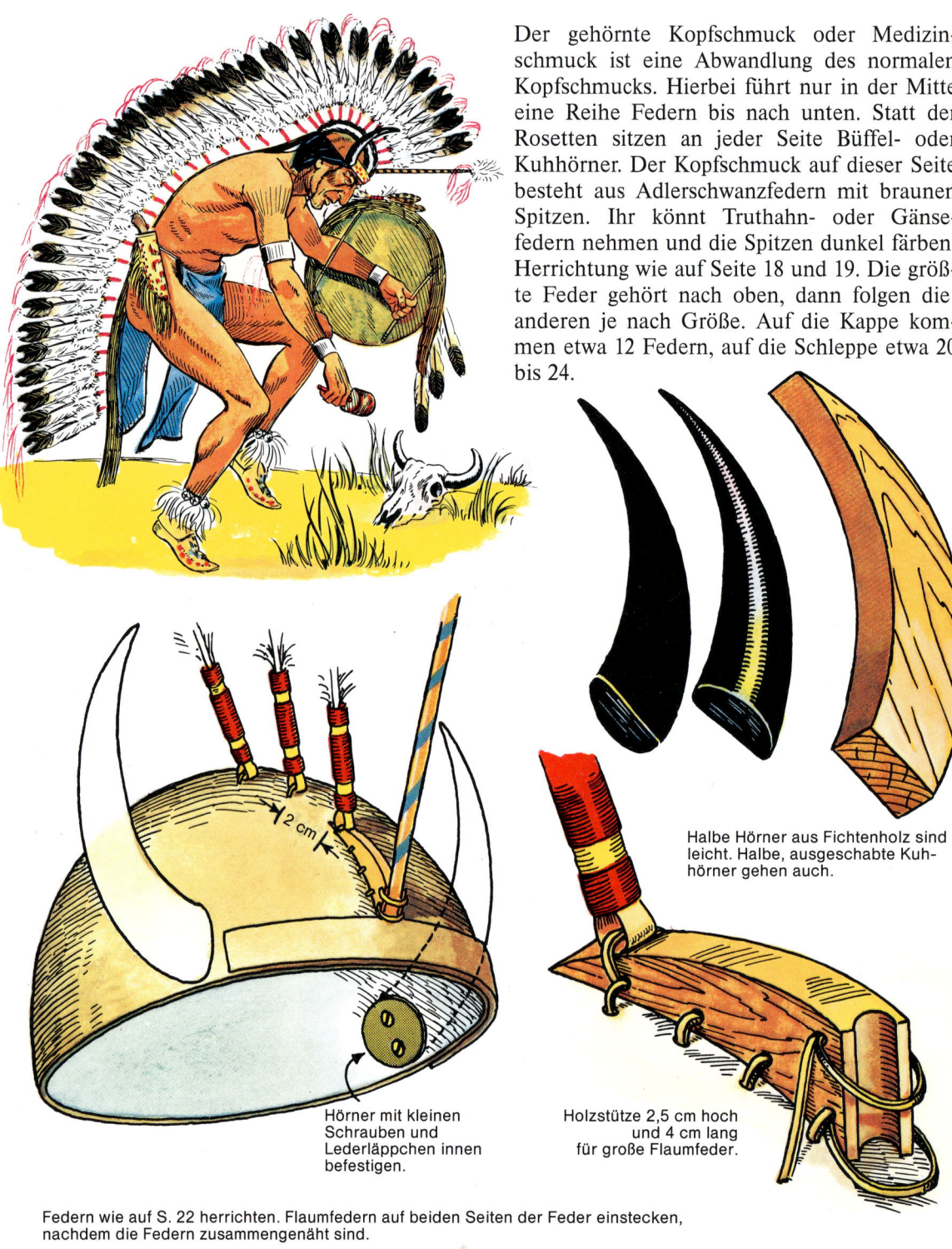

Der gehörnte Kopfschmuck oder Medizinschmuck ist eine Abwandlung des normalen Kopfschmucks. Hierbei führt nur in der Mitte eine Reihe Federn bis nach unten. Statt der Rosetten sitzen an jeder Seite Büffel- oder Kuhhörner. Der Kopfschmuck auf dieser Seite besteht aus Adlerschwanzfedern mit braunen Spitzen. Ihr könnt Truthahn- oder Gänsefedern nehmen und die Spitzen dunkel färben. Herrichtung wie auf Seite 18 und 19. Die größte Feder gehört nach oben, dann folgen die anderen je nach Größe. Auf die Kappe kommen etwa 12 Federn, auf die Schleppe etwa 20 bis 24.

Halbe Hörner aus Fichtenholz sind leicht. Halbe, ausgeschabte Kuhhörner gehen auch.

2 cm

Hörner mit kleinen Schrauben und Lederläppchen innen befestigen.

Holzstütze 2,5 cm hoch und 4 cm lang für große Flaumfeder.

Federn wie auf S. 22 herrichten. Flaumfedern auf beiden Seiten der Feder einstecken, nachdem die Federn zusammengenäht sind.

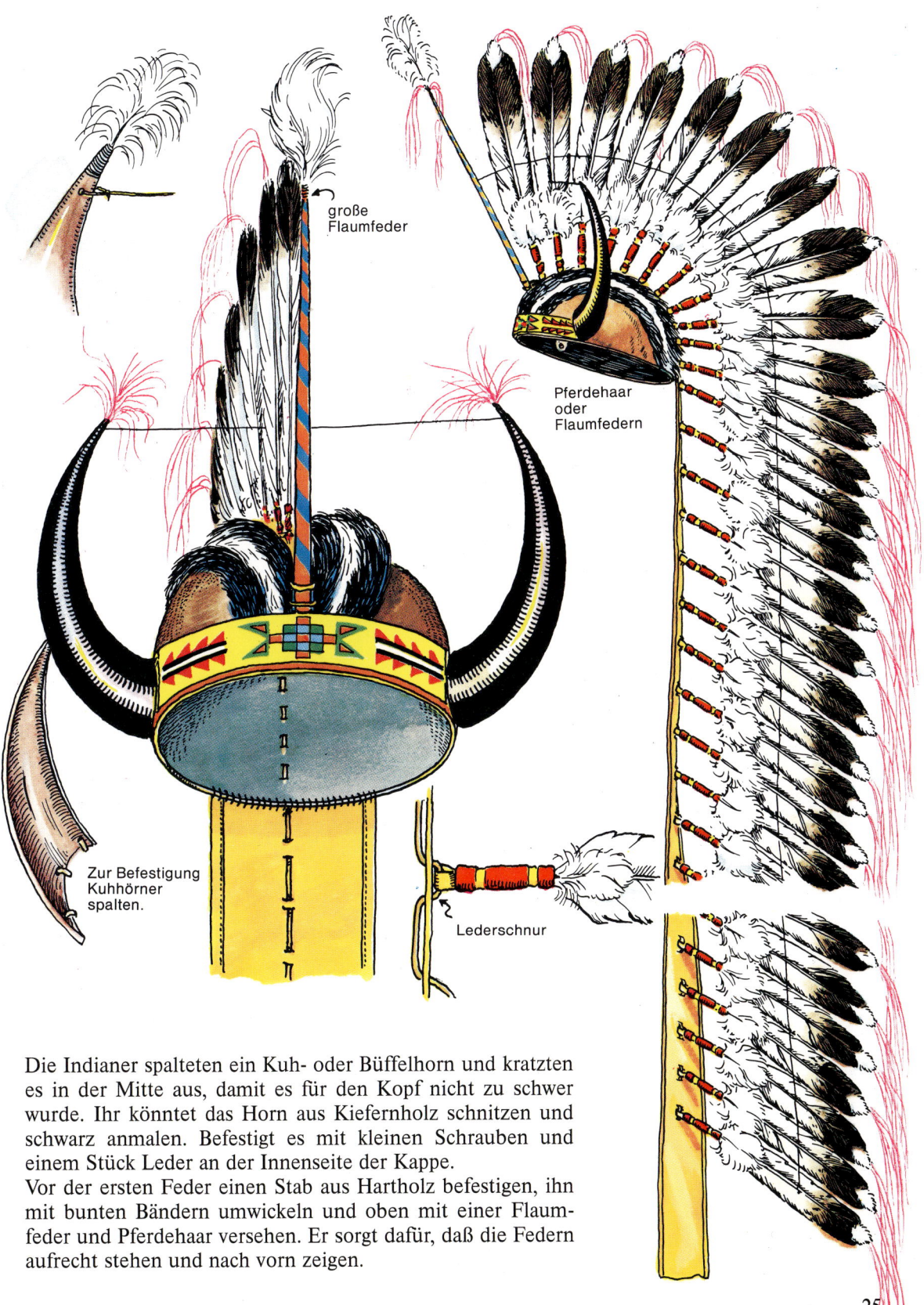

große
Flaumfeder

Pferdehaar
oder
Flaumfedern

Zur Befestigung
Kuhhörner
spalten.

Lederschnur

Die Indianer spalteten ein Kuh- oder Büffelhorn und kratzten es in der Mitte aus, damit es für den Kopf nicht zu schwer wurde. Ihr könntet das Horn aus Kiefernholz schnitzen und schwarz anmalen. Befestigt es mit kleinen Schrauben und einem Stück Leder an der Innenseite der Kappe.

Vor der ersten Feder einen Stab aus Hartholz befestigen, ihn mit bunten Bändern umwickeln und oben mit einer Flaumfeder und Pferdehaar versehen. Er sorgt dafür, daß die Federn aufrecht stehen und nach vorn zeigen.

Wie und wo bewahrt man
den Kopfschmuck auf?

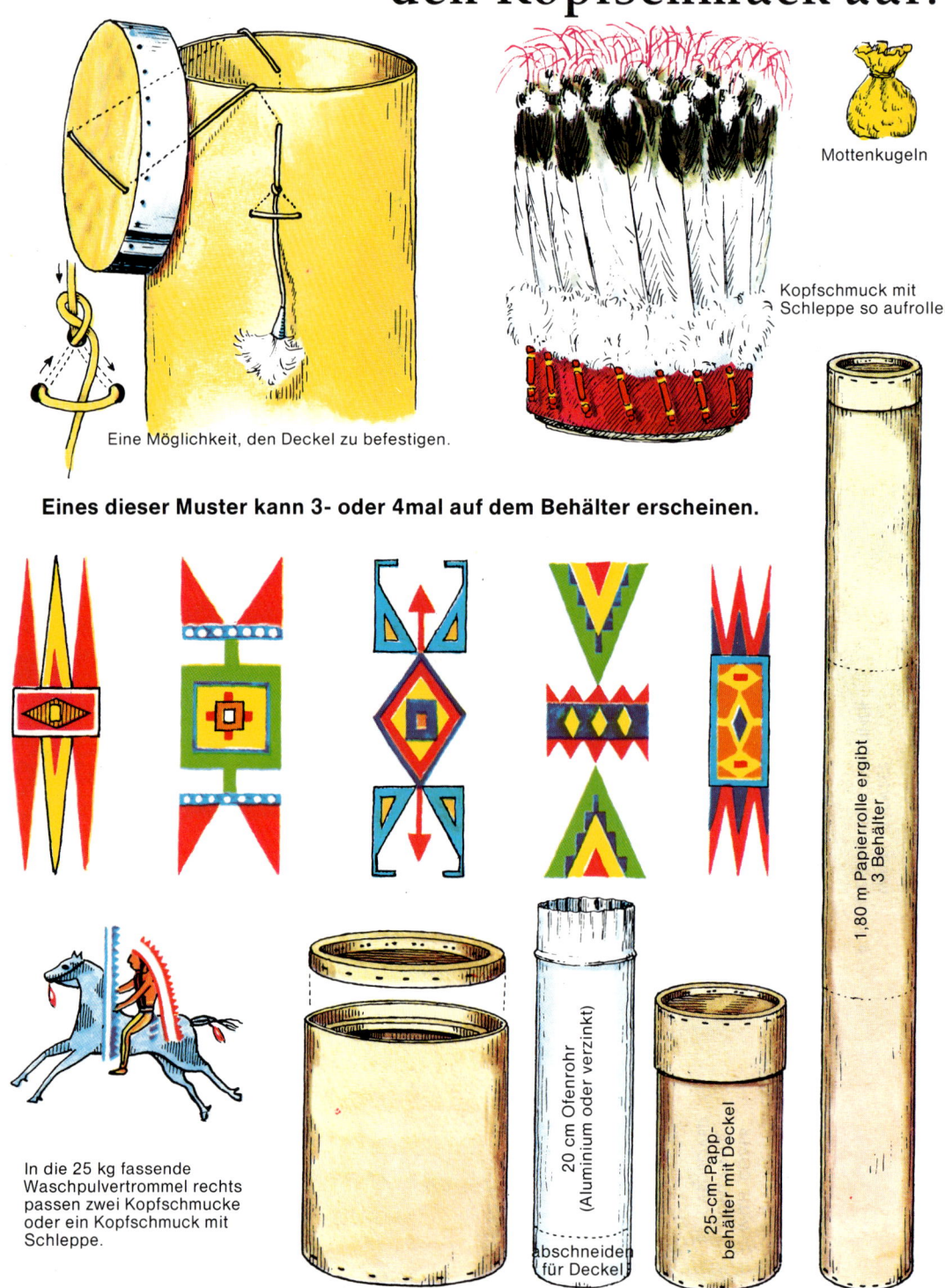

Mottenkugeln

Kopfschmuck mit Schleppe so aufrollen.

Eine Möglichkeit, den Deckel zu befestigen.

Eines dieser Muster kann 3- oder 4mal auf dem Behälter erscheinen.

1,80 m Papierrolle ergibt 3 Behälter

In die 25 kg fassende Waschpulvertrommel rechts passen zwei Kopfschmucke oder ein Kopfschmuck mit Schleppe.

20 cm Ofenrohr (Aluminium oder verzinkt)

abschneiden für Deckel

25-cm-Pappbehälter mit Deckel

So werden Boden und Deckel in der Fabrik gemacht.

Ist die Röhre offen, schneide eine Scheibe von 2 cm dickem Fichtenholz zurecht und setze sie als Boden ein.

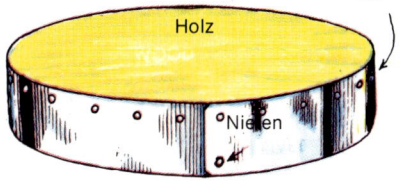

Festsitzender Deckel aus Holz. Rand mit Aluminium umkleiden. Enden vernieten.

Trotz all der Arbeit, die in einem Kopfschmuck steckt, gehen die meisten zu sorglos mit ihm um. Meistens wird er auf einen Nagel gehängt oder in die Ecke geworfen, wo die Federn sehr bald brechen und schmutzig werden. Ein Kopfschmuck sollte in einem guten Behälter aufbewahrt werden, dann hält er ewig.

Als Behälter eignet sich am besten eine Waschpulvertrommel aus Pappe oder eine Rolle für Linoleum mit einem Durchmesser von 15 bis 20 cm (in der Wäscherei bzw. im Warenhaus nachfragen).

Für die Bemalung könnt ihr jedes beliebige Zeichen verwenden. Die Grundfarbe sollte möglichst beige sein, darauf malt ihr dann eure eigenen indianischen Zeichen. Die Zeichen auf S. 26 stammen von Behältern der Prärie-Indianer.

Eine kleine, durchlöcherte Blechdose mit einer Tüte Mottenkugeln oder Kristalle auf dem Boden des Behälters schützen die Federn vor dem Appetit der Insekten.

Zur Aufbewahrung wird der Kopfschmuck, wie die Abbildung zeigt, zusammengerollt. So läßt er sich sehr leicht in den Behälter schieben, der im Zimmer übrigens sehr dekorativ aussieht.

Das Waschen von Federn

1. In kaltem Wasser zwei Tage einweichen, Schmutz mit den Fingern abreiben. Keine Bürste nehmen!

2. In lauwarmem, mildem Seifenwasser drücken, bis die Federn ganz sauber sind.

Seifenflocke

Achtung:
Wegen der Paraffin-dämpfe und der Staub-entwicklung durch das Sägemehl solltest du die Federn im Freien reinigen.

3. Zweimal in lauwarmem Wasser spülen.

Kein Sägemehl von weichem Holz verwenden. Es enthält Harz, das von dem Paraffin aufgelöst wird.

4. Im Freien in Paraffin baden vermindert Mottengefahr. Paraffin ablaufen lassen.

5. Mit Sägemehl bedecken, um die restliche Flüssigkeit herauszu-ziehen. Dann gut abbürsten.

6. Flaumfedern wie die anderen Federn waschen. Zum Trocknen Zylinder verwenden, siehe nächste Seite.

Erst mit ein paar Federn probieren, und dann alle nehmen.

Die Pflege der Federn

Der echte indianische Kopfschmuck hatte normalerweise einen leicht gelblichen Schimmer vom Rauch des Tipi- oder Versammlungsfeuers. Zur Reinigung tauchten die Indianer die Federn kurz in Öl, eine andere Möglichkeit gab es nicht.

Beim Waschen müßt ihr so vorgehen: Entfernt alle Federn von dem Kopfschmuck und wascht sie nach den Anweisungen auf der linken Seite. Probiert erst mit einer der hinteren Federn, ob das Paraffin den Klebstoff auflöst. Wenn ja,

wickelt die Federn aus der Filzeinfassung aus. Untersucht jede Feder sorgfältig und ersetzt die kaputten durch neue. Truthahnfedern und auch andere Federn brechen gelegentlich an der Einstichstelle. Haltet euch genau an die Anweisungen.

Danach nehmt ihr ungesalzenes Schweineschmalz und fettet die Federn leicht mit den Fingerspitzen ein. Das bewahrt die Federn vor dem Austrocknen und ersetzt ihr natürliches Fett.

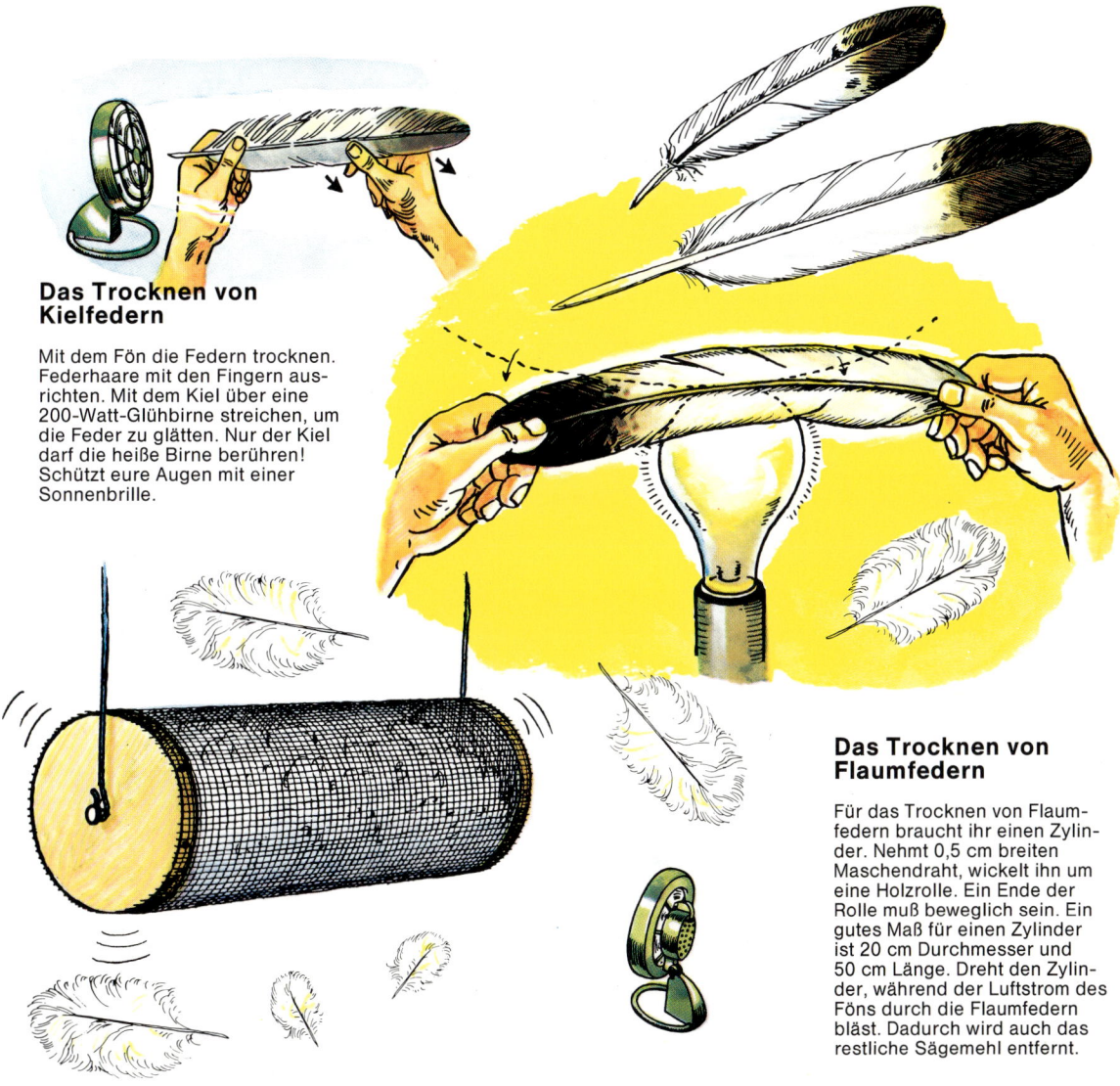

Das Trocknen von Kielfedern

Mit dem Fön die Federn trocknen. Federhaare mit den Fingern ausrichten. Mit dem Kiel über eine 200-Watt-Glühbirne streichen, um die Feder zu glätten. Nur der Kiel darf die heiße Birne berühren! Schützt eure Augen mit einer Sonnenbrille.

Das Trocknen von Flaumfedern

Für das Trocknen von Flaumfedern braucht ihr einen Zylinder. Nehmt 0,5 cm breiten Maschendraht, wickelt ihn um eine Holzrolle. Ein Ende der Rolle muß beweglich sein. Ein gutes Maß für einen Zylinder ist 20 cm Durchmesser und 50 cm Länge. Dreht den Zylinder, während der Luftstrom des Föns durch die Flaumfedern bläst. Dadurch wird auch das restliche Sägemehl entfernt.

Der Kammschmuck

Ein anderer Kopfschmuck der Prärie- und Waldland-Indianer ist der Kamm. Er besteht aus gefärbtem Pferdehaar und ist an einer verzierten Kopfhalterung befestigt. Oben ragt eine einzelne Feder heraus.

Manila- oder Sisalhanf eignen sich gut dafür, am besten jedoch Tampicohanf, weil er gleichmäßig ist und sich gut färben läßt. Fragt bei einem Bürstenhersteller danach. Alle Fasern müssen am oberen Rand rot und am unteren Rand schwarz gefärbt werden.

Verteilt 10 bis 12 Büschel auf etwa 3 cm. Macht sie jedoch nicht zu dick. Lieber eine doppelte Reihe dünner Büschel, als eine Reihe dicker Büschel. Je dichter und gleichmäßiger die Büschel zusammengebaut werden, desto geschmeidiger wird der Kamm. Er muß beim Tragen ständig vor- und zurückwippen.

Wie der Federschmuck sollte auch der Kamm sorgfältig aufbewahrt werden. Für die beste Methode halte ich es, den Kamm auf einen Stock zu setzen, die Fasern nach unten zu streichen und ihn mit einem 5 cm breiten Stoffstreifen ganz zu umwickeln.

Wenn ihr keine schwarzen Haare habt, dann könnt ihr eine Kappe aus einem schwarzen Strumpf unter dem Kamm tragen (siehe die Abbildung auf der anderen Seite).

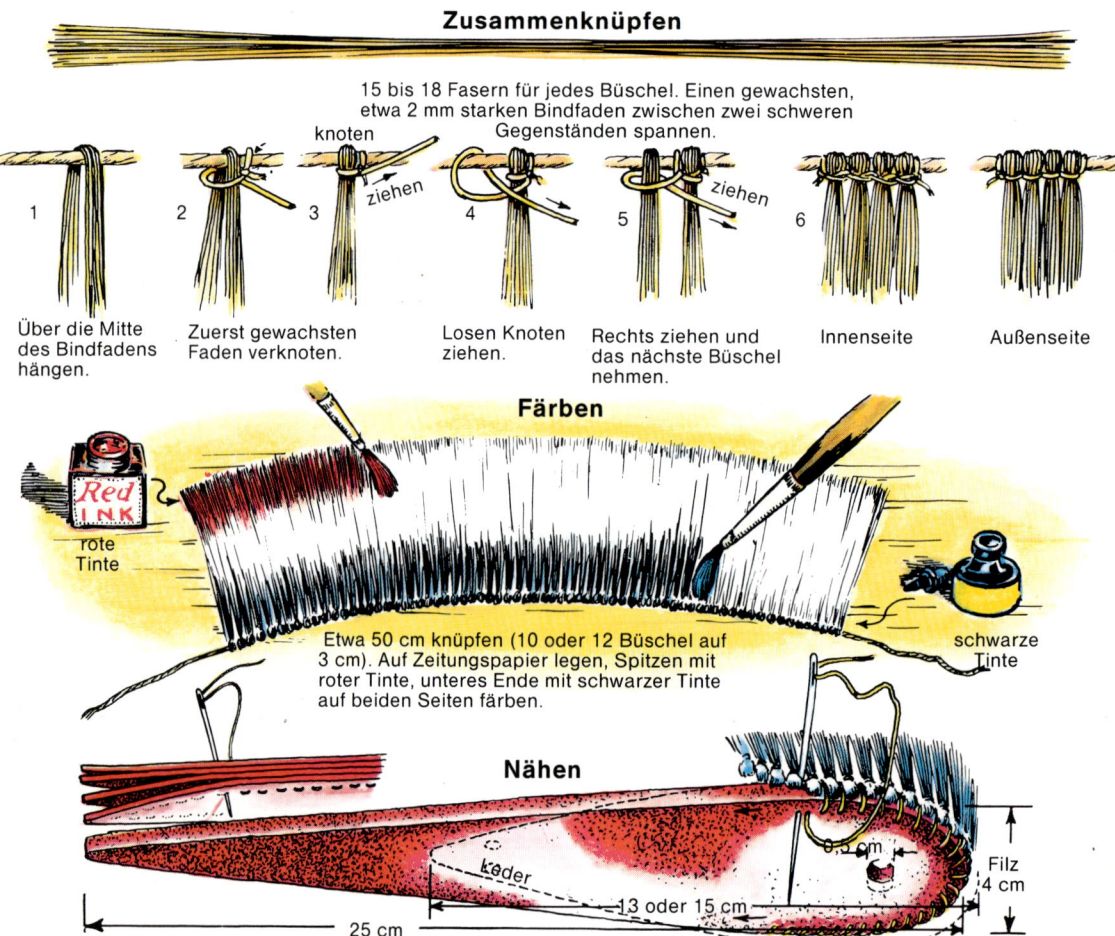

Zusammenknüpfen

15 bis 18 Fasern für jedes Büschel. Einen gewachsten, etwa 2 mm starken Bindfaden zwischen zwei schweren Gegenständen spannen.

knoten

ziehen

ziehen

1 — Über die Mitte des Bindfadens hängen.

2 — Zuerst gewachsten Faden verknoten.

3 — Losen Knoten ziehen.

4 — Rechts ziehen und das nächste Büschel nehmen.

5 — Innenseite

6 — Außenseite

Färben

Red INK

rote Tinte

schwarze Tinte

Etwa 50 cm knüpfen (10 oder 12 Büschel auf 3 cm). Auf Zeitungspapier legen, Spitzen mit roter Tinte, unteres Ende mit schwarzer Tinte auf beiden Seiten färben.

Nähen

Feder

25 cm

13 oder 15 cm

Filz 4 cm

Unterlage von 0,6 cm dickem Filz schneiden oder 4 Stück normalen Filz zusammennähen. Loch stanzen. Dann ein hartes, größeres Lederstück zuschneiden, vorne und an den Seiten 0,6 cm größer, nach hinten spitz zulaufend. Loch entsprechend zum Loch im Filz stanzen. Dort wird die Feder befestigt.

Halterung

Kammende hier festbinden

Kappe aus oberem Strumpfende kann in die Halterung ein- genäht werden.

Röhrchen aus Hühner- knochen oder Messing- hülse für die Feder

Feder herunter- ziehen und Enden zusammenbinden.

Fiber oder Rohhaut

Leder

Filzunterlage

Zusammensetzen des Kammes

große Perlen

5 cm

0,5 cm

2,5 cm

Blechscheiben mit der glän- zenden Seite nach außen, hinten leuchtend rot anma- len.

Leder- schnüre

Aufbewahrung

3 cm

45 cm

Auf den Stock legen und mit 5 cm breitem Band umwickeln.

Stirnband der Halterung mit perlenbesticktem Band oder Fellstreifen besetzen. Anderen Schmuck, z. B. Rosetten und Anhänger könnt ihr noch hin- zufügen.

31

Die Federhüte der Waldland-Indianer

Die Irokesen und andere Waldland-Indianer tragen als Kopfschmuck den Federhut, eine mit Pelz oder Federn bedeckte Kappe, die an einer Lederhalterung befestigt ist. Die Halterung besteht aus zwei Lederstreifen (siehe Abbildung). Das Röhrchen für die große Feder sitzt an der Halterung fest. Typisch für diesen Kopfschmuck ist, daß die große Feder sich in dem Röhrchen drehen kann und so beim leisesten Lufthauch zittert und herumwirbelt.

An die Lederhalterung wird eine Kappe aus Samt oder einem anderen lose sitzenden Stoff angenäht. Auf die Außenseite klebt man Pelzstückchen oder Federn, wobei man von unten beginnt und die Federn wie Dachziegel übereinanderlegt. Für diese Hüte verwenden die Indianer Federn von Truthähnen, Schwänen, Falken, Eulen, Blauhähern oder Krähen. Die Federn kleiner Vögel, Fasanen- oder Entenfedern tun es auch.

Der Kappenrand wird mit einem Stirnband aus dunklem Stoff abgesetzt und mit Perlen nach irokesischem Muster bestickt.

Turban aus schmalem Otterfell, Silberknöpfen, Stoffstreifen und langen Nackenfedern.

2 oder 3 große Flaumfedern.

Vorn: gestutzte Federn und hinten: große Flaumfedern.

Diese Bänder können aus Blech gemacht werden. Löcher mit Nägeln einstanzen.
Beim Ausstanzen der Löcher Blech auf weiches Holz legen.

32

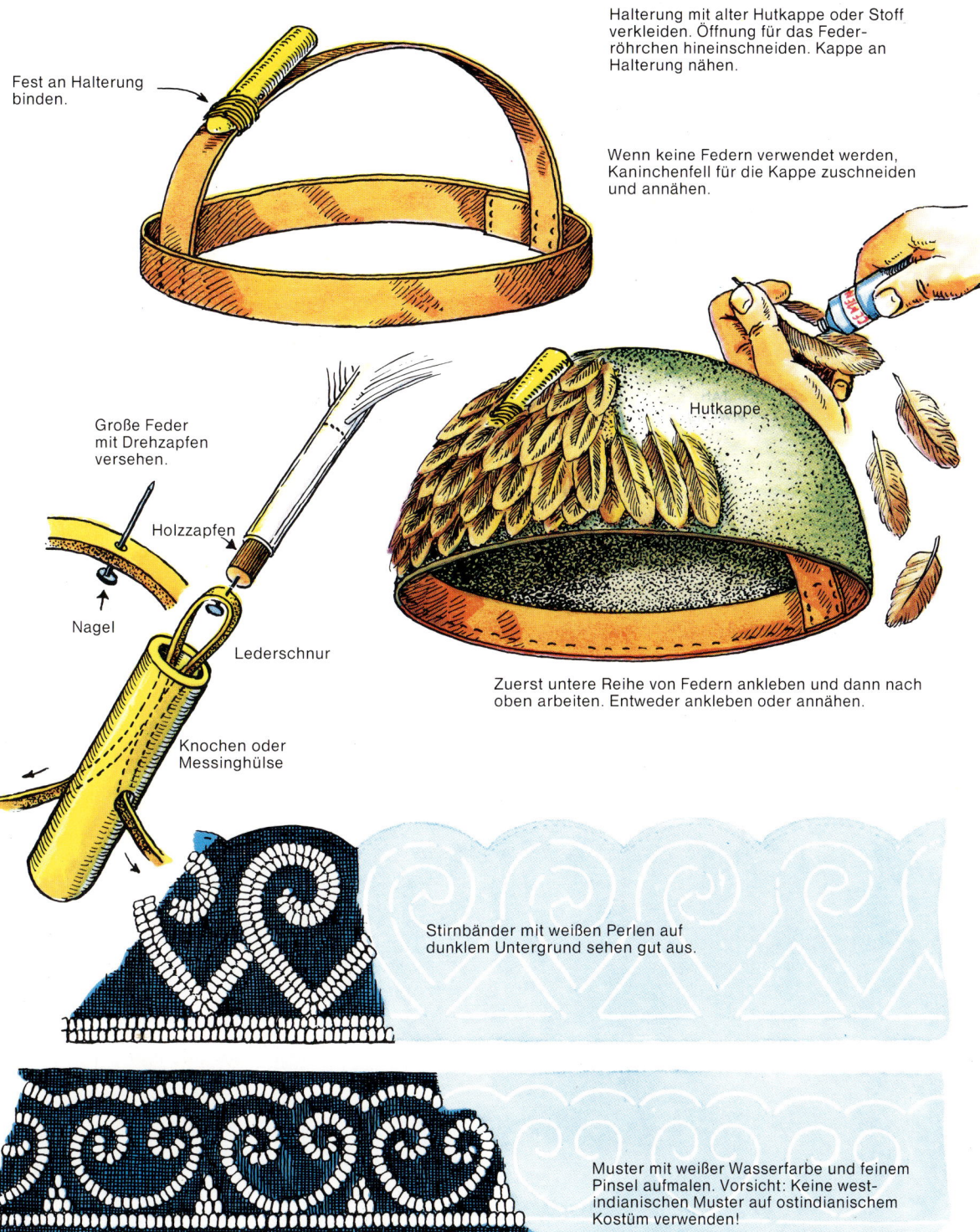

Fest an Halterung
binden.

Halterung mit alter Hutkappe oder Stoff
verkleiden. Öffnung für das Feder-
röhrchen hineinschneiden. Kappe an
Halterung nähen.

Wenn keine Federn verwendet werden,
Kaninchenfell für die Kappe zuschneiden
und annähen.

Große Feder
mit Drehzapfen
versehen.

Holzzapfen

Nagel

Lederschnur

Knochen oder
Messinghülse

Hutkappe

Zuerst untere Reihe von Federn ankleben und dann nach
oben arbeiten. Entweder ankleben oder annähen.

Stirnbänder mit weißen Perlen auf
dunklem Untergrund sehen gut aus.

Muster mit weißer Wasserfarbe und feinem
Pinsel aufmalen. Vorsicht: Keine west-
indianischen Muster auf ostindianischem
Kostüm verwenden!

33

Lendenschurz, Schürzen und Leggings

Noch Ende des letzten Jahrhunderts trugen die Indianer im Lager, auf der Jagd oder auf dem Kriegspfad meistens den Lendenschurz.

Der Lendenschurz hängt an einem Gürtel von der Taille herunter, ist etwa 30 cm breit und 1,80 m lang, je nach der Größe des Betreffenden. Anfangs machten die Indianer den Lendenschurz aus weichem Hirsch- oder Büffelleder, später aus dickem rotblauem Wollstoff oder Leinen. Ihr könnt Flanell, Gabardine, Wildleder, dicken Wollstoff oder Baumwollsamt nehmen. In Gelbbraun sind diese Stoffe ein tadelloser Ersatz für Wildleder.

Lendenschurz

Der Lendenschurz der Prärie-Indianer kann aus Wildleder oder Stoff sein.

Schürze

Die Waldlandindianer tragen eine Schürze statt eines Lendenschurzes.

Stoffränder mit Klebeband oder Stoffband einfassen, um Verziehen zu verhindern.

Muster der Prärie-Indianer

Der Lendenschurz ist schmaler als die Schürze und hängt vom Bund herunter.

Muster der Waldland-Indianer

Die Schürze ist quadratisch und wird an den Hüften zusammengebunden. Vorder- und Rückenteil sind oft unterschiedlich gemustert.

Der Stoff sollte ungemustert sein, da er später mit Perlen bestickt wird. Man kann auch Filz mit indianischen Mustern aufnähen.

Oft benutzte man statt des Lendenschurzes Schürzen. Sie sind aus dunklem Leinen und mit Perlenstickerei verziert, die Ränder mit passenden Schrägstreifen eingefaßt.

Die Leggings (Beinlinge) waren ursprünglich aus weichem Leder, später verwendeten die Indianer den von der amerikanischen Regierung gelieferten Deckenstoff. Ihr könnt für eure Leggings blauen Zwillich (Jeansstoff) oder gefärbten Flanell nehmen.

Heute machen die Indianer Leggings in der Form von Hosen. Der Lendenschurz hängt vorne und hinten über dem Gürtel, wie die Abbildung auf Seite 34 zeigt. Wenn ihr die alten Leggings (siehe Abbildung unten) und den Lendenschurz vorzieht, müßt ihr Badehosen darunter anziehen.

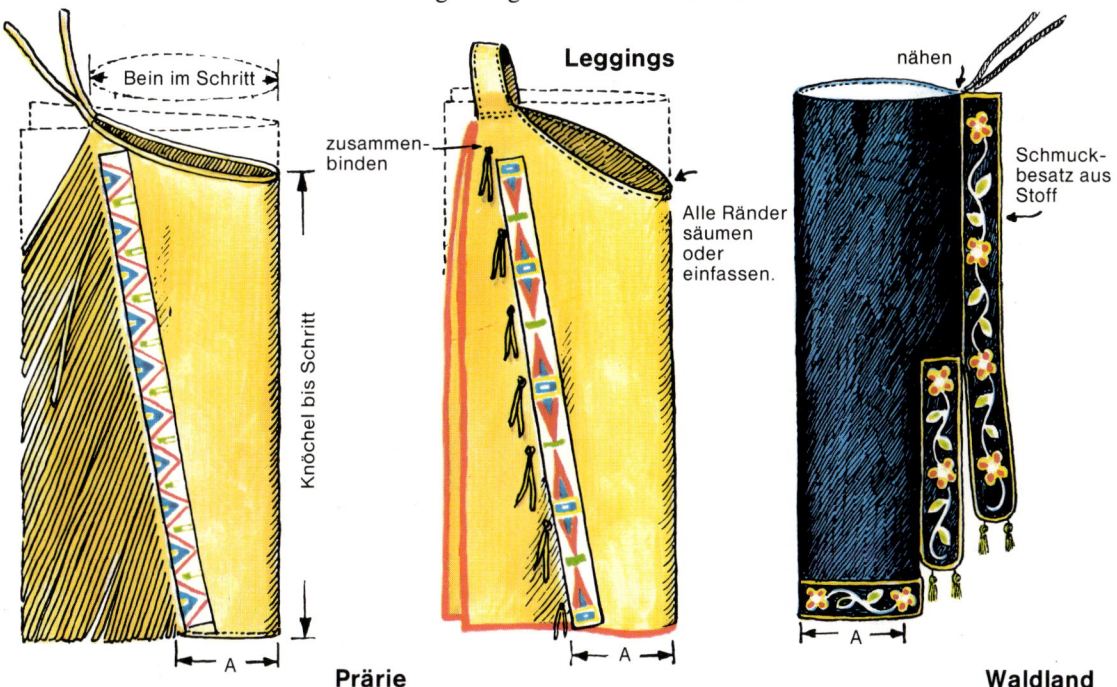

Leggings

Bein im Schritt

zusammenbinden

Alle Ränder säumen oder einfassen.

Knöchel bis Schritt

A

Prärie

nähen

Schmuckbesatz aus Stoff

A

Waldland

„A" ist gerade groß genug für den Fuß.
Gefranste Leggings können aus Flanell, Wildleder oder Jeansstoff sein. Leggings mit Besatz sollten aus braunem Flanell oder einem anderen dunkelblauen oder schwarzen Stoff sein.

Dies sind festliche Leggings aus schwarzem Stoff. Wildleder-Leggings sind wie die der Prärie-Indianer zugeschnitten, aber mit kurzen Fransen und einem perlenbestickten Rand.

| Prärie | Leggingstreifen | Waldland |

Eines dieser Muster auf dem ganzen Streifen wiederholen.

Kriegshemden

Fast alle Indianerstämme trugen eine Art von Hemd, das fälschlicherweise „Kriegshemd" genannt wird. Tatsächlich handelte es sich um ein Hemd, das die älteren Männer und Häuptlinge bei feierlichen Anlässen anzogen.

Die Dakotas und Cheyennes verzierten ihre Hemden mit dünnen Strähnen von Pferde- oder auch Menschenhaar. Die Weißen nannten diese Hemden „Skalphemden". Sie glaubten, die Haare stammten von Skalplocken. Die Schwarzfüße und ein paar andere Stämme schmückten die Hemden mit Hermelinfell-Streifen. Auf dem Kriegspfad trugen die Indianer keine Hemden, sondern nur Lendenschurze, Leggings und Mokassins.

Die Indianer fertigten ihre Hemden aus weichem Hirschleder an. Meistens benötigten sie zwei Häute, manchmal noch eine dritte für die Ärmel. Ihr könnt dicken Flanell oder ungebleichten, hellbraun gefärbten Musselin nehmen. Bitte bügelt den Stoff nicht, da er aufgerauht mehr wie Hirschleder aussieht. Um zu verhindern, daß die Hemdränder ausleiern oder ausfransen, solltet ihr sie umsäumen oder mit Schrägstreifen einfassen.

Die Indianer verwendeten zahlreiche Muster und Materialien für die Verzierung ihrer Hemden. Ihr könnt den Vorder- und Rückenteil mit Glasperlen besticken (siehe Seiten 62–69). Oder ihr zeichnet mit bunter Tinte ein Muster auf. Allerdings laufen auf das Hemd gezeichnete Muster beim Waschen leicht aus.

Besticktes Kriegshemd der Prärie-Indianer

Hier befestigen.

Auf Leder- oder Stoffstreifen Perlen nähen. Die Streifen dann aufs Hemd nähen. Für alle Streifen gleiche Muster verwenden. Streifen werden hinten genau wie vorn angenäht.

Blech

Am Halsausschnitt den bestickten Vorsatz befestigen.

Pferdehaar

Dieses Hemd kann man mit Leggings aus Wildleder oder dunklem Stoff, mit breiten Klappen oder langen Fransen tragen. Mit oder ohne perlenbesticktem Gürtel.

Hemd der Waldland-Indianer

Gams-
leder

Dicker Flanell wirkt am ehesten
wie Hirschleder, ungebleichtes
Musselin geht auch. Nach dem
Muster eines weiten Hemdes
zuschneiden.

Stoff hellbraun nach den
Angaben auf der
Packung färben. Gründ-
lich auswringen, aus-
schütteln und glatt auf-
hängen. Nicht bügeln.

Für Fransen an Stoffkleidung
eignet sich billiges Gamsleder.
7,5 bis 10 cm lange Streifen an
den Stoff nähen und in Fransen
schneiden. Zuerst Leder kaufen
und dazu passend den Stoff
einfärben. 1 cm Nahtzugabe
beim Zuschneiden.

Schlitz →

bestickte Hosenbänder mit
langen, bunten Wollfransen

bestickter Gürtel mit Waldland-Muster

Festhemd der Waldland-Indianer

Woll-
quasten

aufgenähte
Perlen

Fast jede Art von Perlen sind für
diese Kostüme geeignet, solange
sie gleich groß sind. Röhrenper-
len sind hübsch für Borten.

Schürze als Lendenschurz
mit Hemd aus Baumwollsamt
tragen.

37

Schulterumhänge und Ponchos

Die Schulterumhänge und Ponchos auf diesen beiden Seiten werden von den Waldland-Indianern und den Stämmen des Nordwestens getragen. Mit Lendenschurz und Leggings sehen sie sehr dekorativ aus und sind auch beim Tanzen viel kühler als das Kriegshemd.

Den Umhang auf dieser Seite könnt ihr aus blauem, rotem oder schwarzem Tuch machen und die Seiten mit roter oder gelber Borte oder Klebeband einfassen. Der Rücken wird mit den gleichen Blumenmustern bestickt wie das Vorderteil. Damit der Umhang besser fällt, sollte er gefüttert werden.

Die Metallkegel, die den Umhang verzieren, sind aus Blechstücken, die man über einer Ahle oder einem dicken Nagel zurechtklopft. Erst mit den unten und an den Ärmeln hängenden Kegeln wirkt der Umhang echt. Durchsichtiger Lack schützt das Metall vor Rost.

Der Poncho auf Seite 39 oben ist aus Wild-

Schnitt für
Schulterumhang

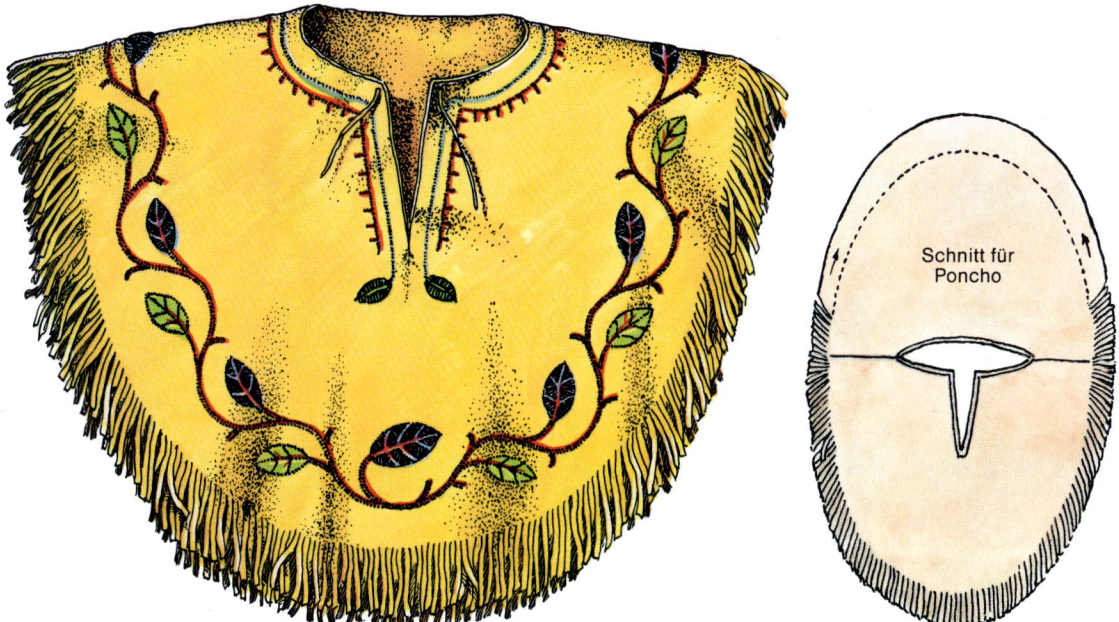

Schnitt für Poncho

leder und braucht nicht gefüttert zu werden. Er ist durchgehend gefranst. Die Perlenstickereien verlaufen am Rücken weiter.

Für den Bärenfell-Poncho kann man einen alten Bärenfellteppich oder irgendeinen anderen dunklen Pelz mit glatten Haaren nehmen.

Der äußere Rand des Ponchos wird mit leuchtend buntem Stoff oder Band abgesetzt.

Der Bärenfell-Poncho ist sehr dekorativ und ungewöhnlich, weil hierbei Bärenkrallen und Adlerfedern als Schmuck verwendet werden. Nur bedeutende Stammesmitglieder besitzen Bärenkrallen und Adlerfedern.

Auf Seite 46 erfahrt ihr, wie ihr die Bärenkrallen aus Holz schnitzen könnt. Für die Scheibe nehmt eine Muschelschale, schleift sie auf einem Schleifrad rund und bohrt mit einem Drillbohrer ein Loch hinein. Oder man läßt die Muschel in ihrer natürlichen Form. Die Adlerfedern herrichten wie auf Seite 18 beschrieben.

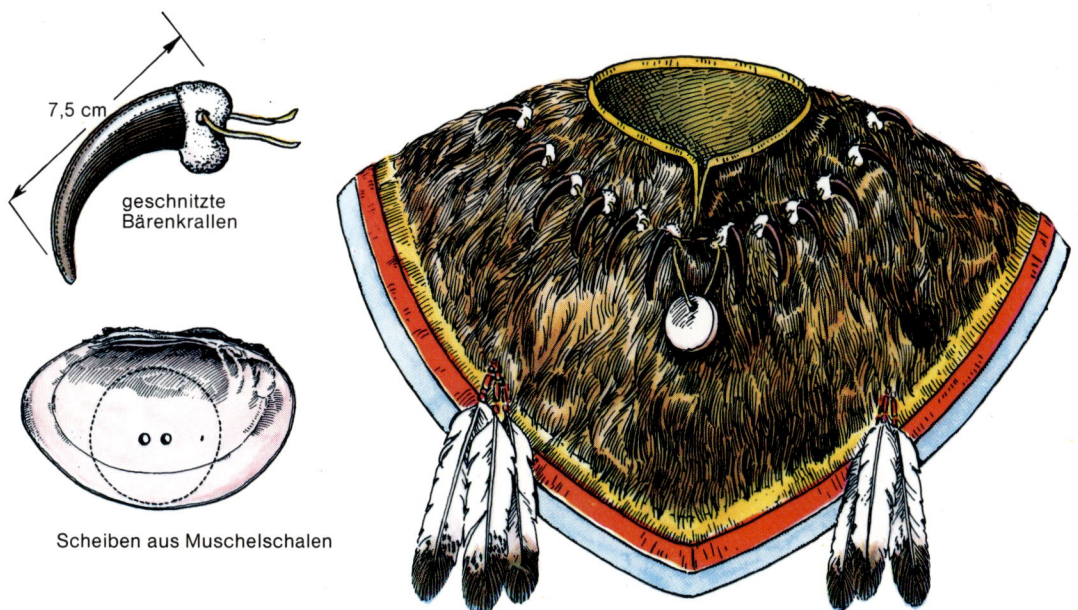

7,5 cm

geschnitzte Bärenkrallen

Scheiben aus Muschelschalen

Westen

Perlenbestickte Westen sind verhältnismäßig modern und vermutlich den Westen der Weißen abgesehen. Man kann sie mit und ohne Hemd tragen. Auf alle Fälle wirkt ein indianisches Kostüm dadurch sehr malerisch. Es werden sich wohl nur wenige von euch an einer durchgehend bestickten Weste versuchen, aber eine teilweise bestickte Weste aus cremefarbenem Leder lohnt die Mühe. Auf den Seiten 62–69 findet ihr die Anleitung für Perlenstickerei.

Ihr könnt auch mit buntem Lack Muster auf eure Westen malen und den halbtrockenen Lack in kurzen Abständen einkratzen, damit er wie eine Reihe von Perlen aussieht.

Selten gibt es zwei gleiche Westen, daher sollen die Abbildungen auf dieser Seite nur als Anregung dienen. Eine Weste mit selbst entworfenen Mustern ist etwas ganz Besonderes.

Waldland-Muster

Zwei Hälften von Westen mit Blumenmustern. Dünnes Leder kann mit leuchtendem Stoff gefüttert werden. Ränder sind mit Band eingefaßt, damit sich das Leder nicht verzieht.

Passende Muster für den Rückenteil

40

Muster der westlichen Prärie-Indianer

Rücken einer Weste mit geometrischen Mustern.

Wenn ihr das Vorderteil mit Pferden verziert, eignet sich dieses Muster für den Rücken.

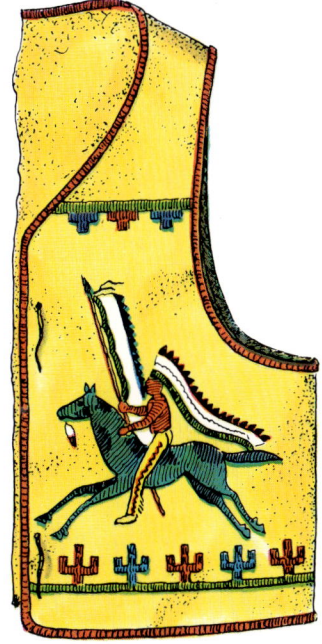

Zwei ganz verschiedene Sioux-Stickereien. Die Pferde sollten aufeinander zulaufen und verschiedenfarbig sein.

Malen

1. Muster mit Bleistift auf das Leder zeichnen.

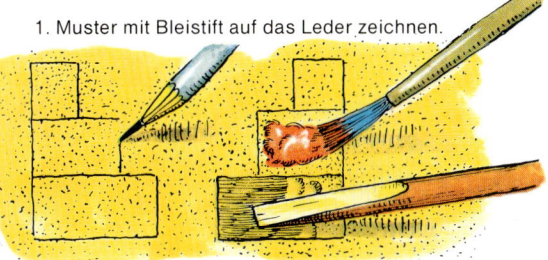

2. Durchsichtigen Lack auftragen, mit einem flachen, meißelförmigen Stab verstreichen und ein paar Minuten trocknen lassen.

3. Mit buntem Lack bemalen.

4. Kurz vor dem Trocknen den Lack im Abstand von 2,5 cm mit spitzer Ahle oder Nadel einritzen. Dies verhindert auch unregelmäßiges Splittern des trockenen Lacks. Zuerst auf einem Stück Leder ausprobieren.

Am besten fangt ihr damit an, daß ihr von einer Weste, die euch paßt, ein Schnittmuster anfertigt. Dazu braucht ihr sie nicht extra aufzutrennen, sondern ihr legt sie auf dickes Packpapier und fahrt mit einem Bleistift daran entlang, wobei ihr 1,5 cm für die Nähte zugeben müßt. Danach legt ihr das Schnittmuster auf euer Westenmaterial, markiert die Umrisse und schneidet sie aus. Die Weste sollte lose sitzen. Falls sie ein bißchen zu groß gerät, ärgert euch nicht, ihr wachst bestimmt hinein.

Westen werden meistens aus geräuchertem braunem Wildleder gemacht. Aber jedes andere weiche Leder tut es auch, wenn ihr die genarbte Seite nach innen nehmt. Die Ränder können mit Schrägstreifen aus rotem Flanell eingefaßt werden.

Bei dünnem Wildleder ist es ratsam, die Weste zu füttern, da Wildleder sich manchmal verzieht.

Manschetten und Stulpenhandschuhe

Bei feierlichen Anlässen trugen die Prärie-Indianer Manschetten und Stulpenhandschuhe. Besonders die Schwarzfüße zeigten eine Vorliebe für große, bestickte und mit Fransen besetzte Handschuhe, die sie von der amerikanischen Kavallerie im Indianergebiet übernommen hatten. Die Sioux, Krähen-Indianer, Ute und Cheyenne trugen nur Manschetten. Sie waren mit Stickereien aus Perlen und gefärbten Schweineborsten verziert. Für Stulpenhandschuhe eignet sich Leder am besten, für Manschetten Segeltuch.

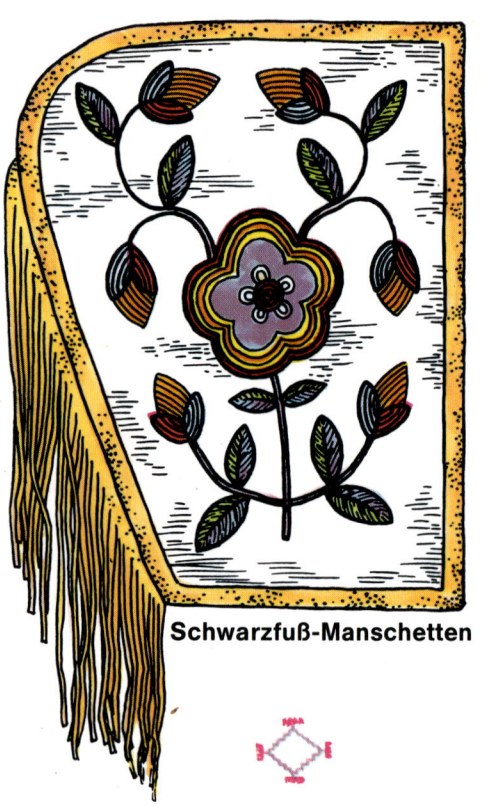

Schwarzfuß-Manschetten

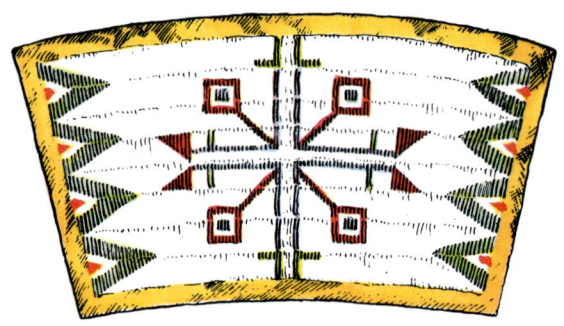

Sioux-Manschetten

Bei diesen Sioux-Manschetten wurden die Perlen in großen Stichen auf dickes, weiches Wildleder aufgenäht (aufgelegt). Die linke Seite zeigt die Stickerei, die rechte Seite die Bleistiftumrisse.

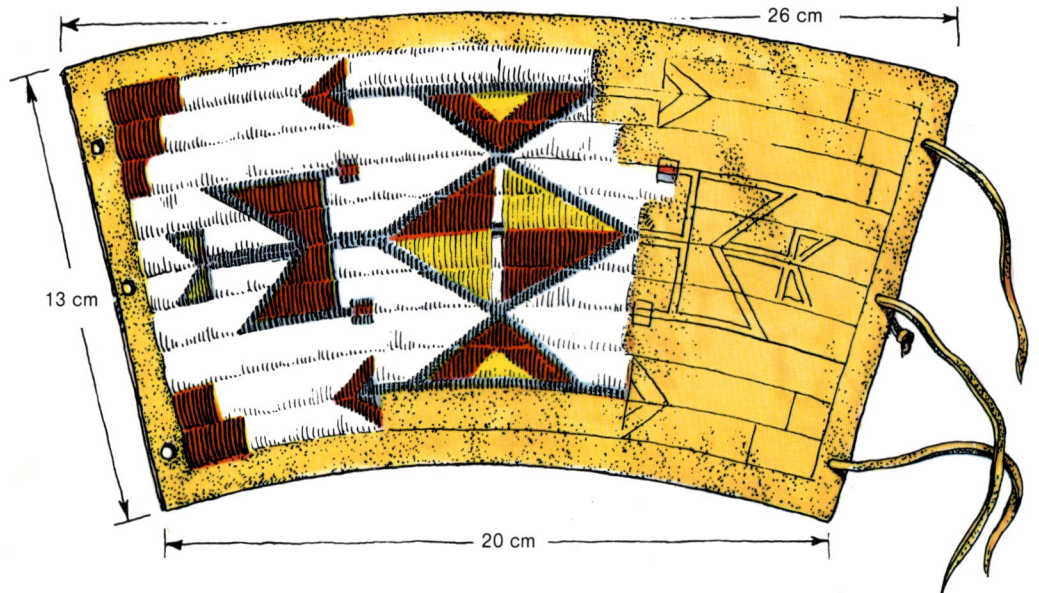

26 cm

13 cm

20 cm

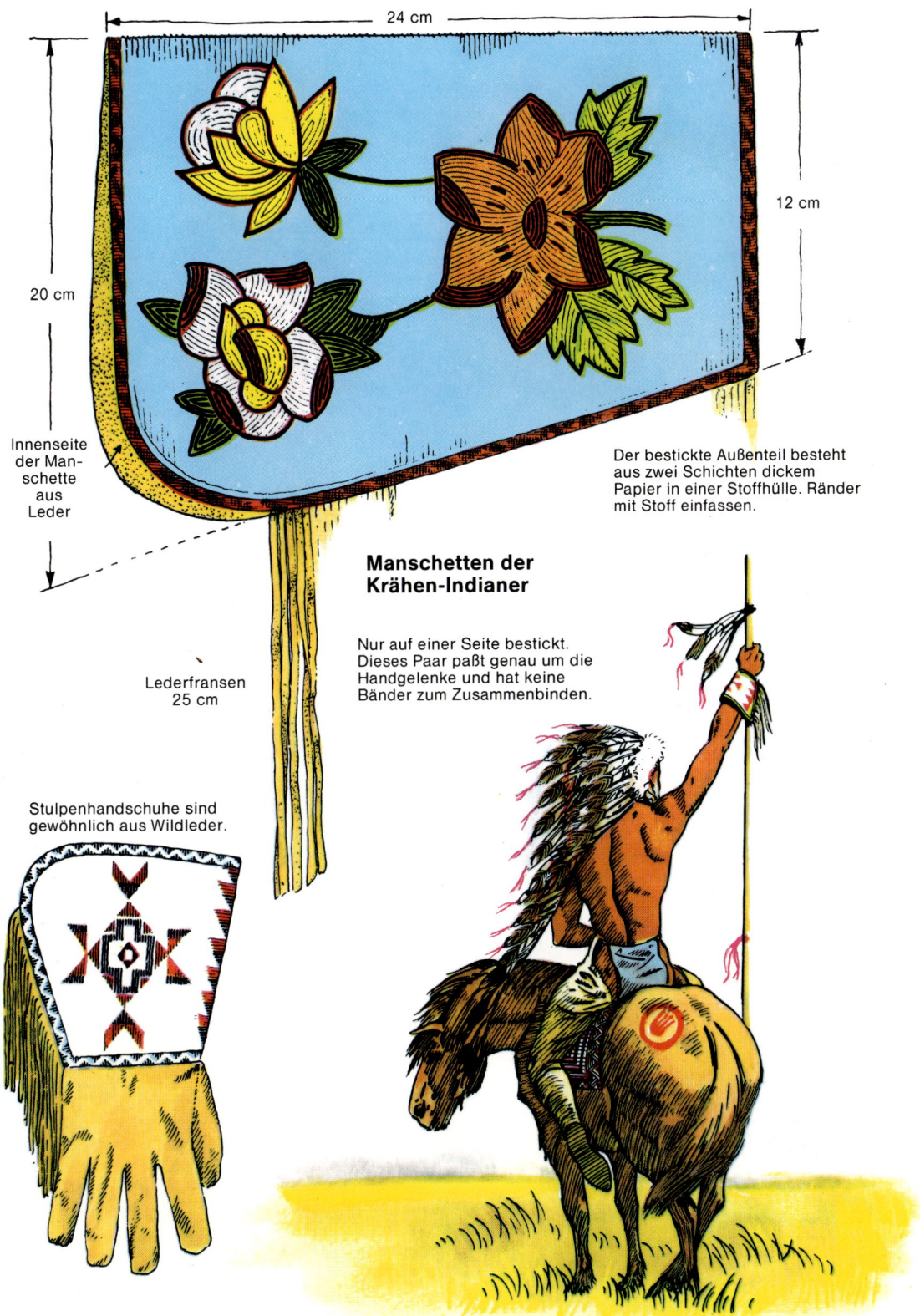

24 cm

12 cm

20 cm

Innenseite
der Man-
schette
aus
Leder

Der bestickte Außenteil besteht
aus zwei Schichten dickem
Papier in einer Stoffhülle. Ränder
mit Stoff einfassen.

Manschetten der Krähen-Indianer

Nur auf einer Seite bestickt.
Dieses Paar paßt genau um die
Handgelenke und hat keine
Bänder zum Zusammenbinden.

Lederfransen
25 cm

Stulpenhandschuhe sind
gewöhnlich aus Wildleder.

43

Parfleche

(Falttasche)

Ein Parfleche [pärflesch] ist eine flache, faltbare Tasche aus Rohhaut, in dem die Stämme der Prärie und in den Rocky Mountains Kleidung und getrocknetes Fleisch (Pemmikan) verwahrten.

Ein Parfleche mißt etwa 60 x 90 cm. Die Indianer machten es aus der von Haaren befreiten Rohhaut des Büffels. Ihr könnt Segeltuch verwenden und es hellgelb oder hellgrau anstreichen.

Wie die meisten täglichen Gebrauchsgegenstände der Indianer war auch das Parfleche hübsch verziert. Malt eins der unten abgebildeten Muster mit Firnislack auf. Die gebräuchlichsten Farben sind Grün, Rot, Schwarz und Gelb.

In dem hier abgebildeten Parfleche könnt ihr ein vollständiges Kostüm aufbewahren – Kriegshemd, Leggings, Halskette, Mokassins, selbst die Adlerhaube. Legt alles übereinander hinein, schnürt das Parfleche mit den Bändern zusammen und hängt es auf.

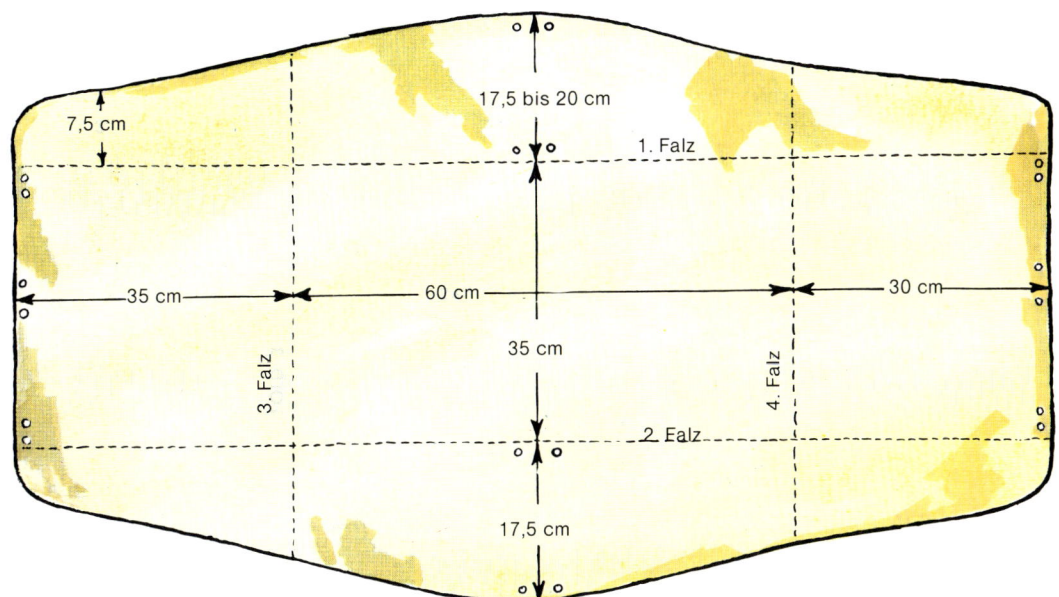

7,5 cm

17,5 bis 20 cm

1. Falz

35 cm   60 cm   30 cm

35 cm

3. Falz

4. Falz

2. Falz

17,5 cm

Parfleche zuschneiden wie oben. Außenseite hellgelb oder hellgrau anmalen. Gründlich trocknen lassen. Vorderklappen mit Muster verzieren. Zum Schluß angegebene Löcher hineinstanzen.

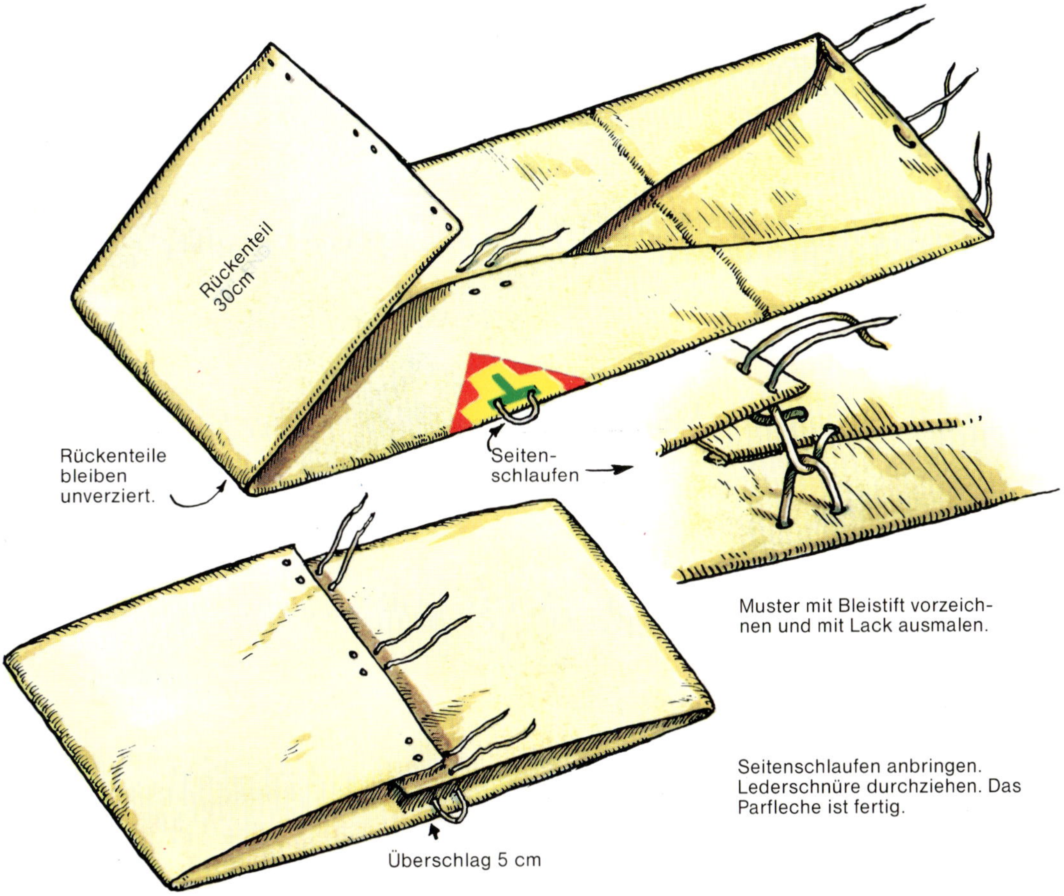

Rückenteil 30cm

Rückenteile bleiben unverziert.

Seiten-schlaufen →

Muster mit Bleistift vorzeich-nen und mit Lack ausmalen.

Seitenschlaufen anbringen. Lederschnüre durchziehen. Das Parfleche ist fertig.

Überschlag 5 cm

Halskette aus Bärenkrallen

Halskette umhängen um festzustellen, wie viele Perlen zwischen den Krallen erforderlich sind.

Pelzstückchen zuschneiden und mit einem Tropfen Klebstoff über die Halskette zwischen die Krallen legen.

Die Indianer verarbeiteten beinahe alles, was ihnen gefiel zu Halsketten. Die Krallen des Adlers oder Grizzlys schätzten sie besonders, weil ihre Beschaffung viel Mut und Geschick erforderte. Ihr könnt die Krallen für eure Kette aus Holz schnitzen. Was ihr tun müßt, damit sie echt wirken, sagen euch die Anweisungen. Reiht die Krallen auf einer zweifachen Lederschnur auf, und füllt die Zwischenräume mit Perlen oder Pelzstückchen.

1. In Umrissen aussägen.

Oberen Teil mit Sandpapier aufhellen. Klaue mit Tuch polieren.

4. Ab und zu mit der Klaue durch Paraffin streichen, bis sie aussieht wie Holz.

2. In endgültige Form schnitzen und mit Sandpapier abschmirgeln. Vor dem Färben der Klaue dickes Ende rot anmalen, denn die Farbe hält auf der gewachsten Oberfläche nicht.

3. Klaue über Kerzenlicht halten und schwärzen, aber nicht zu dunkel.

46

Hartholztriebe mit festem Kern sind besonders geeignet. Lederriemen für die vier langen Bänder verwenden.

Eschentrieb

Bambus- oder Schilfrohr

Knochenhaarpfeife – Holz in diese Form schnitzen.

4 Streifen dickes Leder von etwa 30 cm Länge zuschneiden.

1 cm

Brustschmuck
aus Knochen

Die langen Knochenröhren, die für den Brustschmuck verwendet wurden, hießen Haarpfeifen und dienten als Zahlungsmittel. Je feiner sie waren, desto mehr Wert hatten sie. Ursprünglich wurden sie aus Büffel-, später aus Rinderknochen hergestellt. Sie wurden jedoch nicht von den Indianern gemacht, sondern von den Weißen an sie verkauft. Ihr könnt sie aus grünen Eschentrieben (keine Zweige) schnitzen. Oder ihr besorgt euch Tonpfeifenröhren, schmirgelt sie mit feinem Sandpapier glatt und reibt sie mit einer Mischung aus gekochtem Leinsamenöl und braungelbem Farbstoff. Dann sehen sie wie richtige Knochen aus.

47

Halsbänder und Krawatten

Das Halsband wird eng um den Hals gelegt. Die Krawatte besteht aus Halsband und einem daran befestigten Streifen. Sie sieht unseren Krawatten sehr ähnlich.

Halsband und Krawatte gehören noch nicht lange zur traditionellen indianischen Kleidung. Sie sehen mit und ohne Hemd gut aus.

Die Perlen werden bei diesen Stickereien aufgelegt. Das Perlenhalsband kann jedoch auch auf einem Webrahmen gewebt werden. Die

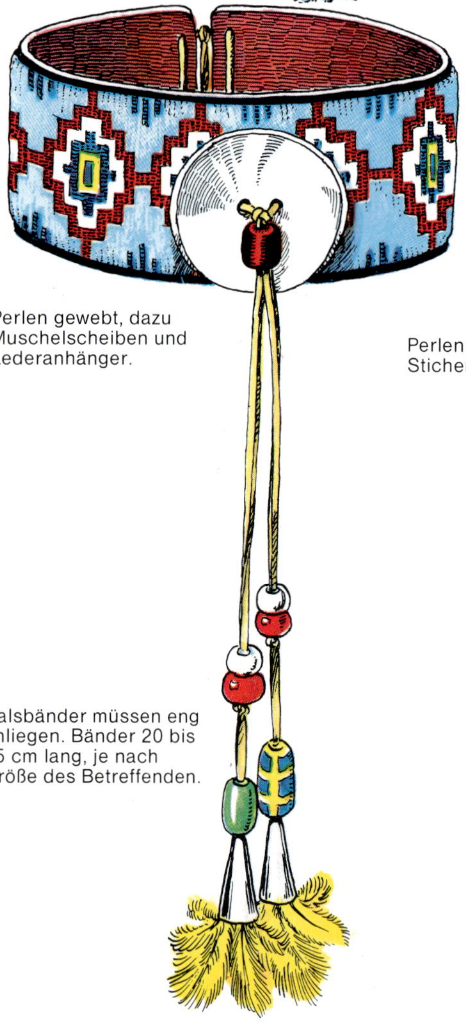

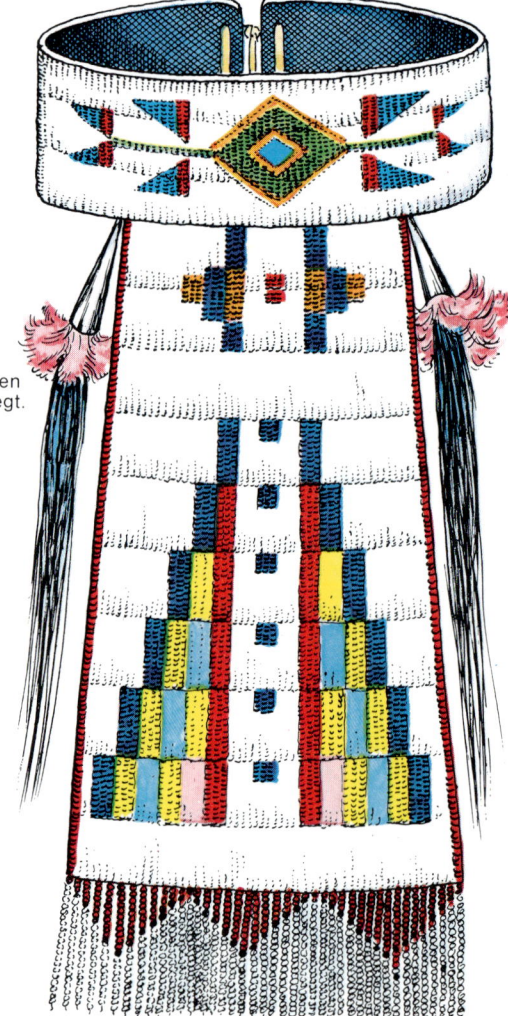

Perlen gewebt, dazu Muschelscheiben und Lederanhänger.

Perlen mit großen Stichen aufgelegt.

Halsbänder müssen eng anliegen. Bänder 20 bis 25 cm lang, je nach Größe des Betreffenden.

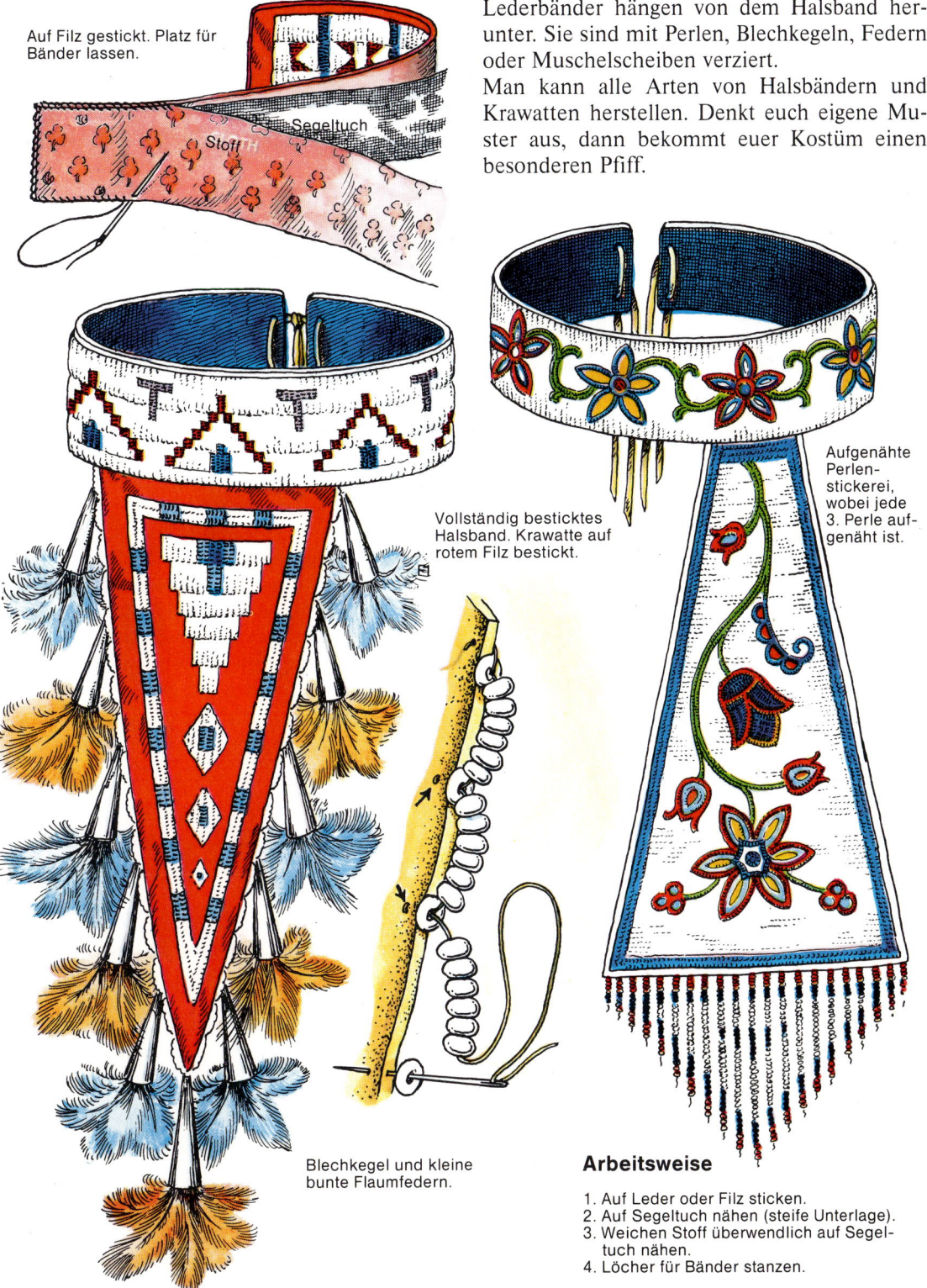

Auf Filz gestickt. Platz für Bänder lassen.

Segeltuch

Stoff

Lederbänder hängen von dem Halsband herunter. Sie sind mit Perlen, Blechkegeln, Federn oder Muschelscheiben verziert.

Man kann alle Arten von Halsbändern und Krawatten herstellen. Denkt euch eigene Muster aus, dann bekommt euer Kostüm einen besonderen Pfiff.

Vollständig besticktes Halsband. Krawatte auf rotem Filz bestickt.

Aufgenähte Perlenstickerei, wobei jede 3. Perle aufgenäht ist.

Blechkegel und kleine bunte Flaumfedern.

Arbeitsweise

1. Auf Leder oder Filz sticken.
2. Auf Segeltuch nähen (steife Unterlage).
3. Weichen Stoff überwendlich auf Segeltuch nähen.
4. Löcher für Bänder stanzen.

Mokassins

an Felsriffen entlangwandern konnten. Nasse Stiefel waren schwer und trockneten nur langsam. Wenn die Stiefel ein paarmal naß und wieder trocken geworden waren, brach das Leder auf. Bald merkten die Pioniere, daß der weiche indianische Mokassin das ideale Schuhwerk war.

Der Name Mokassin geht auf das Wort „Mokkasin" oder „Mawhcasun" in der Sprache der Algonkin zurück. Mit Ausnahme einiger Indianer an der mexikanischen Grenze, in der südlichen Prärie und im Nordwesten wurde der Mokassin fast überall getragen.

Es gibt zwei Arten von Mokassins. Bei der ersten Art wird eine Sohle aus harter Rohhaut an ein weiches Oberleder genäht. Die zweite Art wird aus einem Stück weichen Leders hergestellt und über dem Spann und an der Ferse zusammengenäht. Die Prärie-Indianer und die Indianer des Südwestens trugen die hartsohligen Mokassins, um ihre Füße vor scharfen Steinen und Kakteen zu schützen. Das harte Leder gewannen sie vom Büffel. Weichsohlige Mokassins finden wir bei den Waldland-Indianern. Sie eigneten sich gut für ihre Streifzüge durch den Wald oder die Fahrten mit dem Kanu.

Bei jedem Stamm sahen die Mokassins anders aus. Früher konnte ein indianischer Späher

Als Forscher und Siedler zu den Wäldern, Bergen und Flüssen der Indianer vordrangen, stellten sie bald fest, daß sie mit ihren hartsohligen Stiefeln nur mühsam über schlüpfrige Felsen und umgestürzte Bäume klettern und

Schnitt ist wichtig. Genau Maß nehmen und Leder entsprechend zuschneiden.

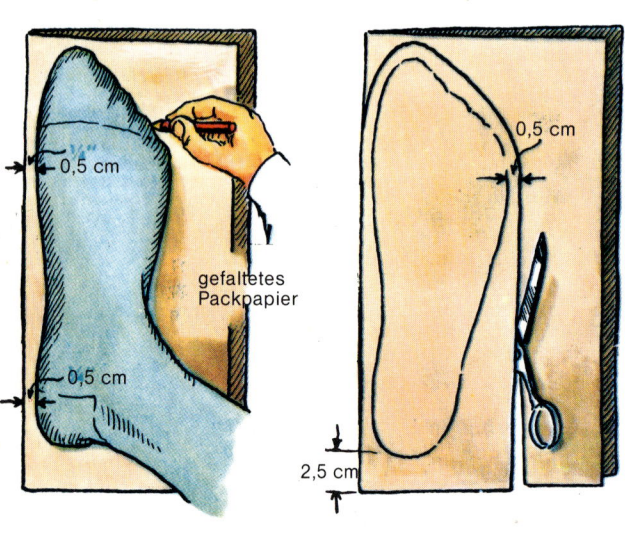

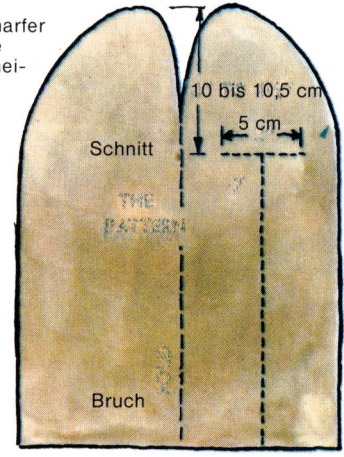

1. Den Fuß 0,5 cm von gefaltetem Papierrand aufsetzen und Fußumriß markieren.

2. Weitere Linie 0,5 cm vom Fußumriß zeichnen, wie oben. An dieser Linie entlangschneiden.

3. Schnitt glatt auf Leder legen und zweimal sorgfältig ausschneiden. Gepunktete Linie erst bei Punkt 7 schneiden.

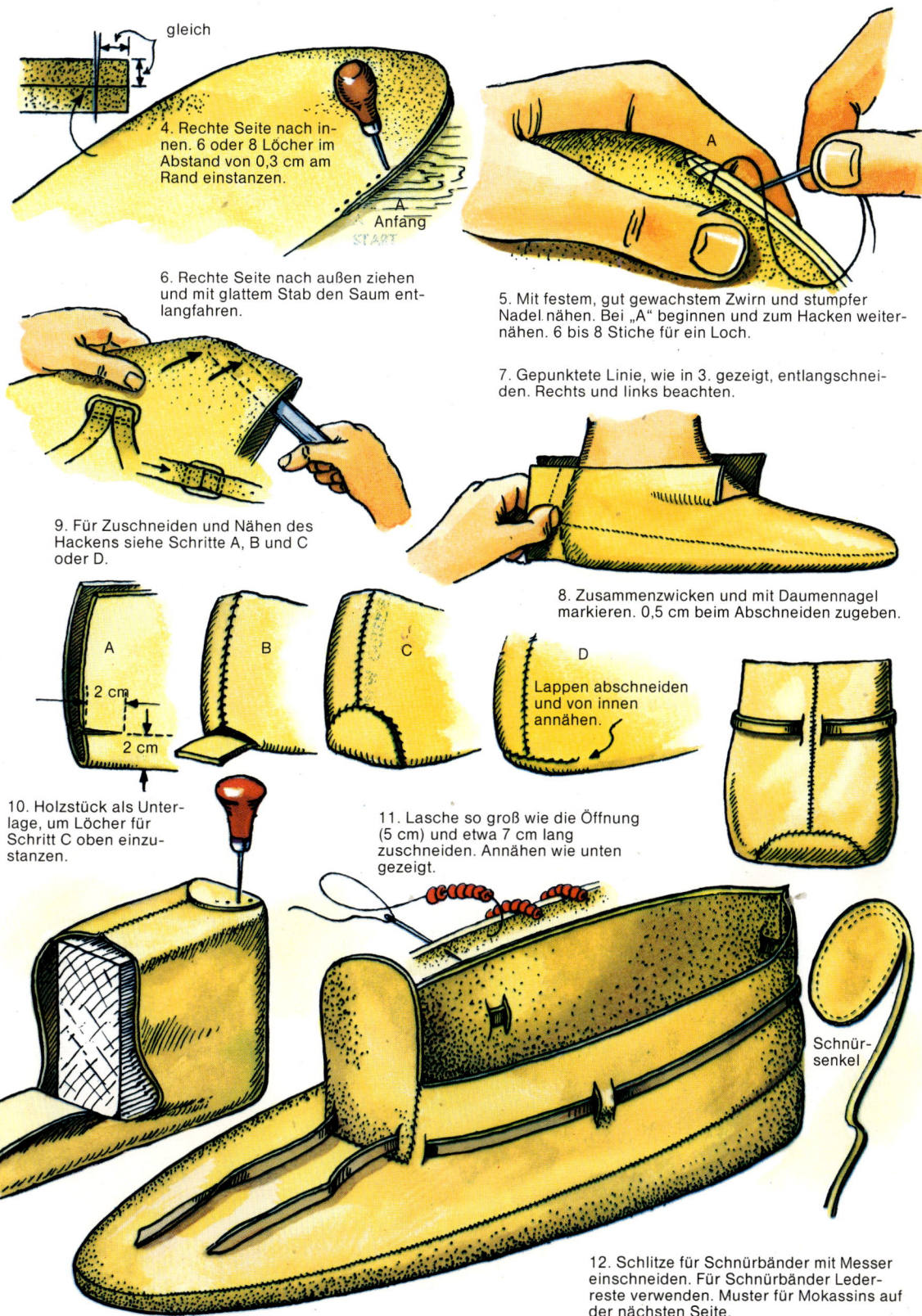

gleich

4. Rechte Seite nach innen. 6 oder 8 Löcher im Abstand von 0,3 cm am Rand einstanzen.

A
Anfang
START

5. Mit festem, gut gewachstem Zwirn und stumpfer Nadel nähen. Bei „A" beginnen und zum Hacken weiternähen. 6 bis 8 Stiche für ein Loch.

A

6. Rechte Seite nach außen ziehen und mit glattem Stab den Saum entlangfahren.

7. Gepunktete Linie, wie in 3. gezeigt, entlangschneiden. Rechts und links beachten.

9. Für Zuschneiden und Nähen des Hackens siehe Schritte A, B und C oder D.

8. Zusammenzwicken und mit Daumennagel markieren. 0,5 cm beim Abschneiden zugeben.

A
2 cm
2 cm

B

C

D
Lappen abschneiden und von innen annähen.

10. Holzstück als Unterlage, um Löcher für Schritt C oben einzustanzen.

11. Lasche so groß wie die Öffnung (5 cm) und etwa 7 cm lang zuschneiden. Annähen wie unten gezeigt.

Schnürsenkel

12. Schlitze für Schnürbänder mit Messer einschneiden. Für Schnürbänder Lederreste verwenden. Muster für Mokassins auf der nächsten Seite.

51

anhand eines alten Mokassins am Wegrand sagen, welcher Stamm hier durchgekommen war. Indianer auf dem Kriegspfad trugen daher manchmal die Mokassins anderer Stämme, um die feindlichen Späher zu verwirren.

Nach meiner Erfahrung sind die Mokassins der Nez Perce mit den Laschen der Ute am einfachsten zu arbeiten. Bei diesen Mokassins verläuft die Naht von der großen Zehe bis zur Ferse am Fuß entlang.

Dieser Mokassin wird aus dünnem Leder, sogenanntem Spaltleder, hergestellt und mit einem festen, gut gewachsten Faden genäht. So übersteht er eine ganze Camping-Saison. Ihr müßt euch mittelschwere, weiche Häute besorgen, die es in den Farben Perlgrau, Gelb und Ziegelrot gibt. Je nach Größe der Haut ergibt eine halbe Haut drei bis sechs Paar Schuhe.

Ich möchte darauf hinweisen, daß man langsam, sorgfältig und gleichmäßig nähen muß. Auf der rechten Seite dürfen keine großen oder ungleichen Stiche zu sehen sein.

Schneidet gleich mehrere Paare zu. Indianer nahmen auf ihren Streifzügen nämlich immer ein Extra-Paar mit. Wurde ein Paar naß oder unbrauchbar, hatten sie gleich ein zweites Paar zu Hand.

Verziert eure Mokassins mit den Mustern des Stammes, den ihr mit eurem Kostüm darstellt. Ursprünglich wurden die Mokassins mit Erdfarben gefärbt oder mit gefärbten Schweineborsten (Quill) bestickt. Später, als die Weißen mit den Indianern Glasperlen tauschten, wurde die Quill-Stickerei durch Perlenstickerei ersetzt. Es ist gar nicht schwer, die Mokassins zu bemalen oder mit Perlen zu besticken. Die Prärie-Indianer verzierten ihre Mokassins sogar mit drei verschieden gefärbten Schweineborsten. Ihre Lieblingsfarben waren Rot, Grün und Purpur.

Perlenbestickte Mokassins hatten im allgemeinen vier bis fünf Farben, vorzugsweise Weiß, Rot, Grün, Gelb und Blau. Der Untergrund war fast immer weiß, nur bei den Assiniboin blau. Heute besticken die Chippewa ihre Mokassins mit bunter Wolle.

Waldland-Muster

Irokesen:
besticktes Segeltuch
auf Leder genäht.

Chippewa:
auf schwarzen Baumwollsamt gestickt.

Cree:
auf einzelnes Lederstück
gestickt

Chipewyan:
mit Wolle auf schwarzen
Flanell gestickt (modern)

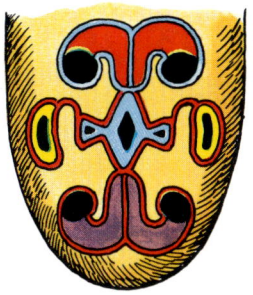

Algonkin:
direkt auf Mokassin gestickt

Winnebago:
über die Naht gestickt

Muster des Westens und der Prärie

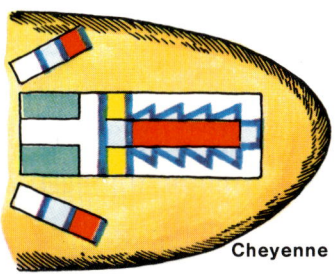

Cheyenne

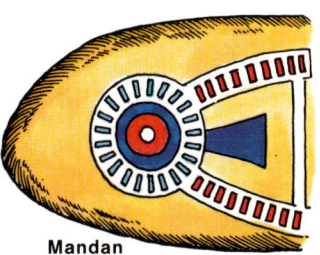

Mandan

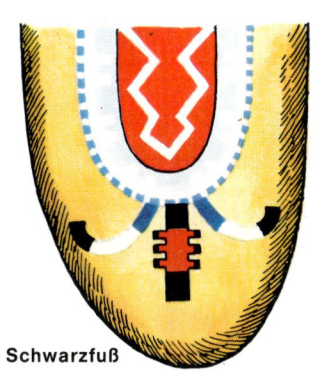

Schwarzfuß

Sioux:
Quill-Arbeit und bestickte Borte

Sioux

Arapaho

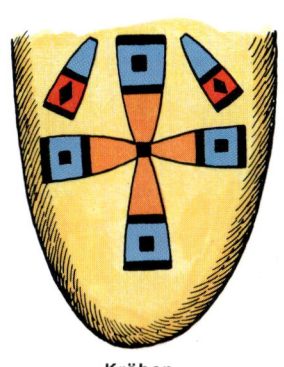

Krähen

Krähen

53

Armreifen und Knöchelbinden

Armreifen werden auf dem nackten Oberarm oder auf dem Ärmel eures indianischen Kostüms getragen.

Einfache Reifen kann man aus rostfreiem Stahl, Messing oder dünnem Aluminium verfertigen. Sie müssen ganz hell glänzen. Wenn ihr sie nach dem Blankreiben mit durchsichtigem Lack bestreicht, bleiben sie lange schön.

Für bestickte Armbänder empfiehlt sich dünnes Segeltuch oder dünnes Leder. Die Bänder sollten höchstens 6 cm breit sein und nicht ganz um den Arm herum reichen. Erst wenn ihr die Lederschnüre zusammenbindet, sitzen sie richtig und rutschen nicht herunter.

Ein Streifen dünnes Segeltuch oder Leder, an dem kleine Glöckchen angebracht werden, eignet sich auch als Knöchelbinde. Man kann diese Binden entweder ganz eng unter dem Knie befestigen oder lose um den Knöchel tragen.

Armreifen

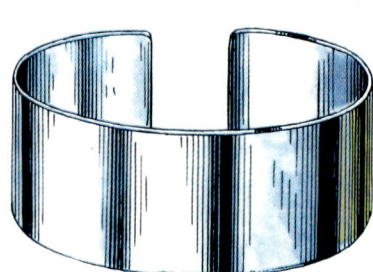

Die einfachsten Armbänder sind aus rostfreiem Stahl oder Messing. Je nach Dicke des Arms 5 bis 7,5 cm breit und 20 bis 25 cm lang. Aluminium läßt sich gut zurechtklopfen.

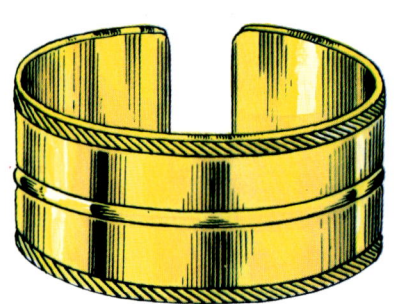

Farbenprächtige Armbänder aus 0,5 cm langen Perlen auf Webrahmen weben. Gewachsten Bindfaden statt Zwirn verwenden. Einfach für Anfänger!

Enden verknoten und aus buntem Garn lange Schnüre flechten.

54

Bei herkömmlichen Armbändern werden die Perlen gewebt odet mit großen Stichen aufgelegt.
Festes Segeltuch als Unterlage.

Knöchelbinden

← Schnürsenkel oder Leder

Indianer verwendeten Haare von einer Angorakatze, wenn vorhanden.
Wolle eignet sich aber auch sehr gut. Wolle 25 cm lang schneiden.
2 oder 3 Reihen wirken üppig. Knöchelbinden nicht auf dem Boden
schleifen lassen, damit sie nicht verschmutzen.

Friedenspfeifen

Für die Indianer war das Rauchen der Friedenspfeife eine heilige Handlung. Geraucht wurde bei religiösen, politischen oder gesellschaftlichen Anlässen. Die Verzierungen auf dem Kopf und dem Rohr der Pfeife, sogar die Art und Weise, wie die Pfeife gehalten und weitergereicht wurde, hatte große zeremonielle Bedeutung. Wer sie rauchte, erklärte sich damit als Freund. Außerdem glaubten die Indianer, daß der Rauch zum klaren Denken befähigte und große Weisheit verlieh. Bei einer Friedensfeier ging die Pfeife erst von einem zum anderen, und danach wurden Reden gehalten und Probleme besprochen.

Manche Pfeifen wurden aus Holz, Ton oder Knochen gemacht. Aber am meisten schätzten die Indianer die Pfeifen aus dem weichen Catlinit, einem roten Schiefergestein (Pfeifenstein), das es nur in einem Steinbruch in Minnesota gab. Diesen Steinbruch betrachteten die Dakotas (Sioux) als heiligen Bezirk. Hier begruben alle Stämme das Kriegsbeil. Die Indianer wanderten meilenweit, um diesen Pfeifenstein zu bekommen, und verschiedenen Stämmen diente er als Tauschmittel. Der frisch gehauene Stein war so weich, daß er mit einem Messer geschnitten und verziert werden konnte. Manche Pfeifen wurden innen mit Blei ausgelegt. Angeblich sollen die Indianer kleine Zeitungsredaktionen überfallen haben, um sich Druckblei zu verschaffen.

Eine sehr brauchbare Pfeife läßt sich auch aus Holz herstellen. Eure Zwecke wird sie sicher viel besser erfüllen, da sie unzerbrechlich ist. Weiden- und Eschenholz lassen sich gut schnitzen. Das Rohr kann man mit Federn, Pferdehaar, Flaumfedern oder buntem Stoff verzieren. Wenn ihr einen heißen Draht durch das Rohr bohrt, habt ihr eine richtige Pfeife.

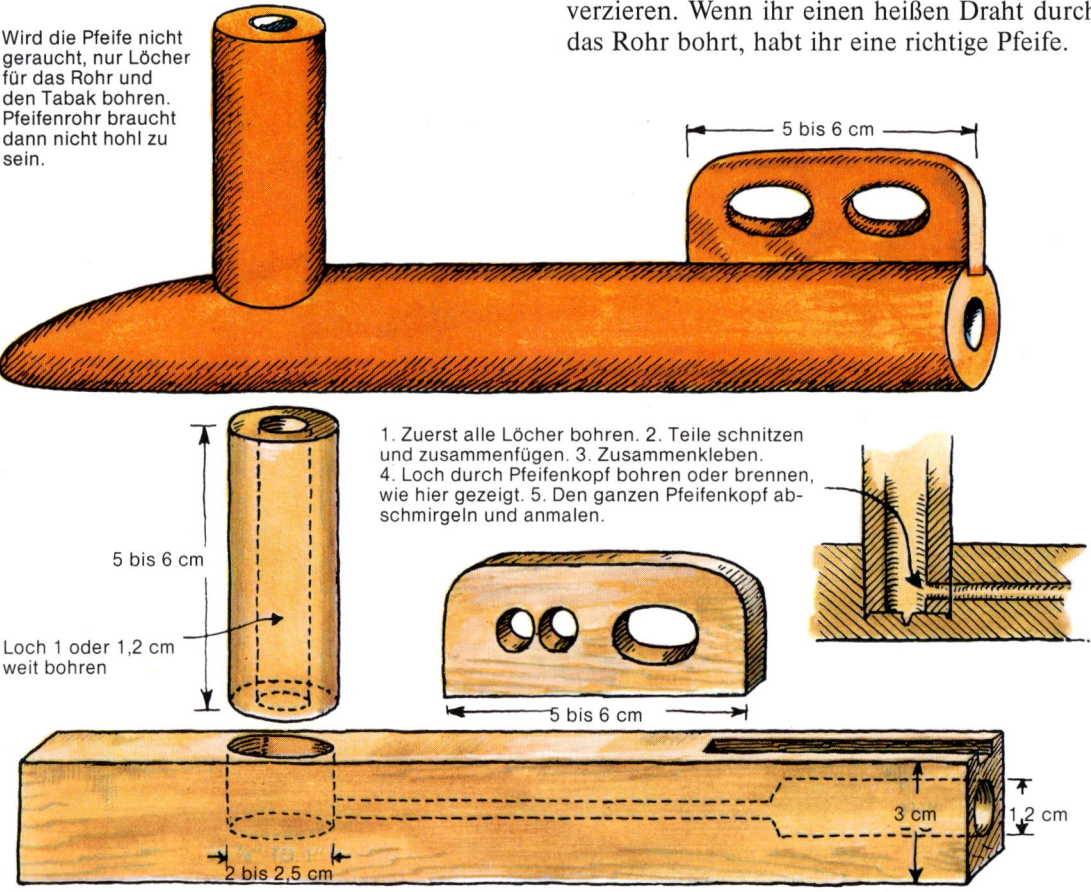

Wird die Pfeife nicht geraucht, nur Löcher für das Rohr und den Tabak bohren. Pfeifenrohr braucht dann nicht hohl zu sein.

5 bis 6 cm

5 bis 6 cm

Loch 1 oder 1,2 cm weit bohren

1. Zuerst alle Löcher bohren. 2. Teile schnitzen und zusammenfügen. 3. Zusammenkleben. 4. Loch durch Pfeifenkopf bohren oder brennen, wie hier gezeigt. 5. Den ganzen Pfeifenkopf abschmirgeln und anmalen.

5 bis 6 cm

2 bis 2,5 cm

3 cm

1,2 cm

Friedenspfeife mit Federn, Pferdehaar und Pelz
verzieren oder mit Perlenstickerei umwickeln.

Fast jede Friedenspfeife in Büchern oder
Museen kann aus Holz nachgearbeitet werden.

Ein Bohrer aus dickem Draht mit abgeflachtem und gefeiltem Ende.

Weidenholz läßt sich gut schnitzen.

Pfeifenköpfe mit Einlegearbeit

Mit Einlegearbeit verzierte Pfeifenköpfe sind
ziemlich modern. Die Indianer verwendeten Blei
oder Zinn, vielleicht um den Stein zu verstärken
oder nur als Schmuck.

Mit Aluminium-Farbe läßt sich Einlegearbeit gut imitieren. Zuerst den ganzen Pfeifenkopf ziegelrot anmalen und
trocknen lassen. Dann mit feinem Pinsel die „Einlegearbeit" aufmalen. Mit einem Überzug aus Wachs oder Lack wirkt
sie sehr echt.

Taschen und Beutel

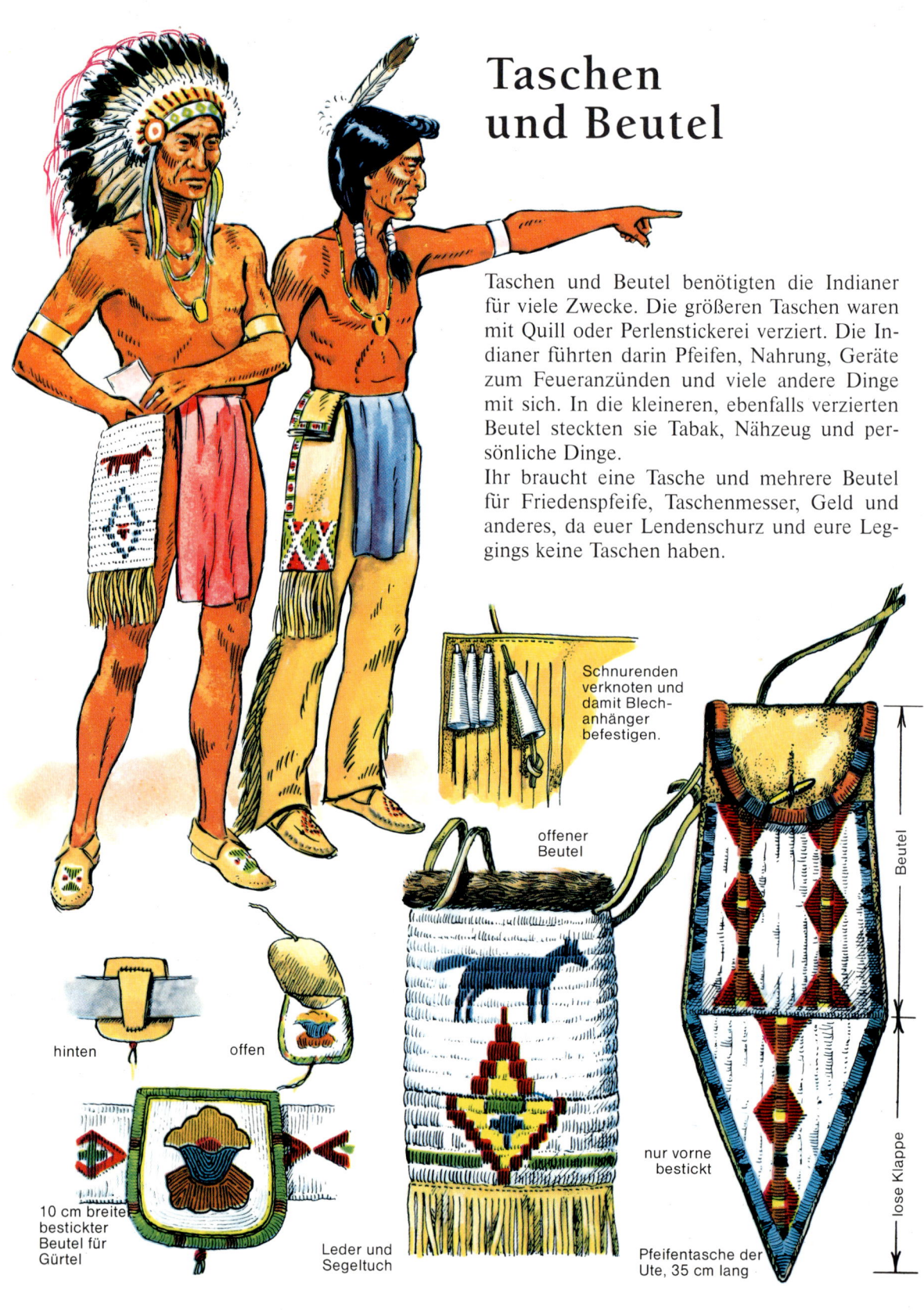

Taschen und Beutel benötigten die Indianer für viele Zwecke. Die größeren Taschen waren mit Quill oder Perlenstickerei verziert. Die Indianer führten darin Pfeifen, Nahrung, Geräte zum Feueranzünden und viele andere Dinge mit sich. In die kleineren, ebenfalls verzierten Beutel steckten sie Tabak, Nähzeug und persönliche Dinge.

Ihr braucht eine Tasche und mehrere Beutel für Friedenspfeife, Taschenmesser, Geld und anderes, da euer Lendenschurz und eure Leggings keine Taschen haben.

Schnurenden verknoten und damit Blechanhänger befestigen.

offener Beutel

hinten

offen

10 cm breite bestickter Beutel für Gürtel

Leder und Segeltuch

nur vorne bestickt

Pfeifentasche der Ute, 35 cm lang

Beutel

lose Klappe

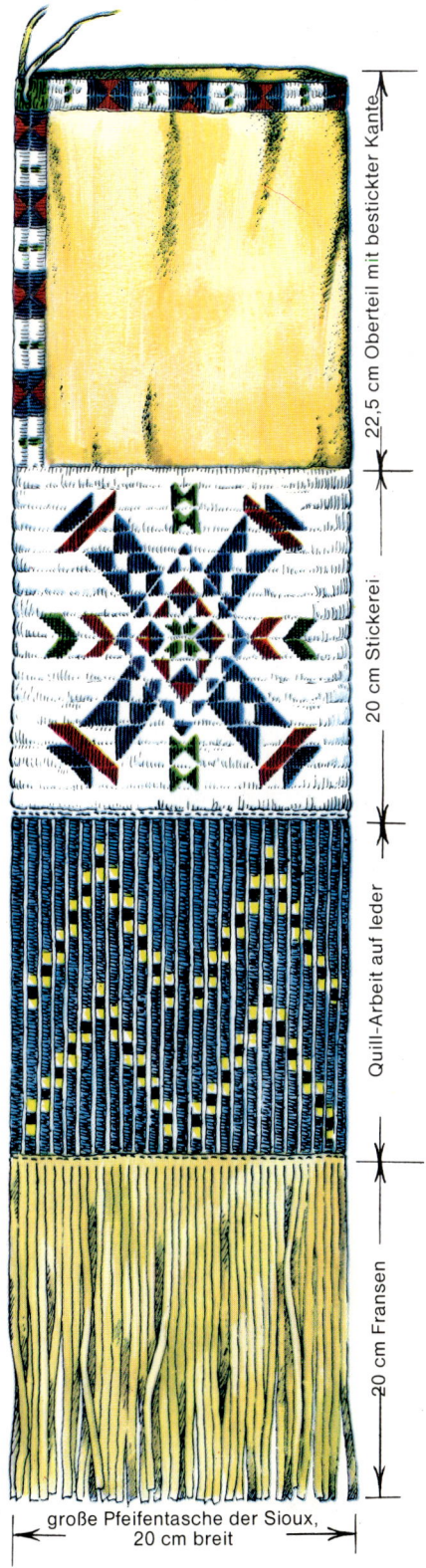

30 cm Oberteil mit bestickter Kante

15 cm Stickerei

Blechkegel über Fransen

Pfeifentasche der Cheyenne,
17,5 cm breit

Pfeifentasche der Krähen-
Indianer, 17,5 cm breit

22,5 cm Oberteil mit bestickter Kante

20 cm Stickerei

Quill-Arbeit auf leder

20 cm Fransen

große Pfeifentasche der Sioux,
20 cm breit

Die meisten größeren Taschen bestehen aus drei anein-
andergenähten Teilen: Oberteil, Stickerei und Fransen.
Verziert sie mit den Mustern des Stammes, den ihr
darstellt. Als guten Ersatz für Quill könnt ihr etwa
0,5 cm breite Lederstreifen mit Spannlack bemalen
(siehe S. 65). Taschen steckt man über oder unter den
Gürtel, Beutel befestigt man am Gürtel oder trägt sie in
der Tasche.

Sonnenscheiben

Es gibt wohl nichts Farbenprächtigeres als die Sonnenscheibe, die manche westlichen Indianerstämme beim Tanz hinter dem Rücken trugen. Manche Scheiben wurden nur mit weißen und schwarzen Federn geschmückt. Waren sie aber mit bunten Federn besteckt, so leuchteten sie in den Farben des Regenbogens oder eines Sonnenstrahls, der plötzlich aus den Wolken bricht. Die hier gezeigte Scheibe ist kreisrund. Daneben gibt es auch Scheiben, die wie ein U, ein Schmetterling oder eine Krähe geformt sind. Die Scheiben reichen im Durchmesser von 35 bis 75 cm und werden mit den verschiedensten Federn geschmückt.

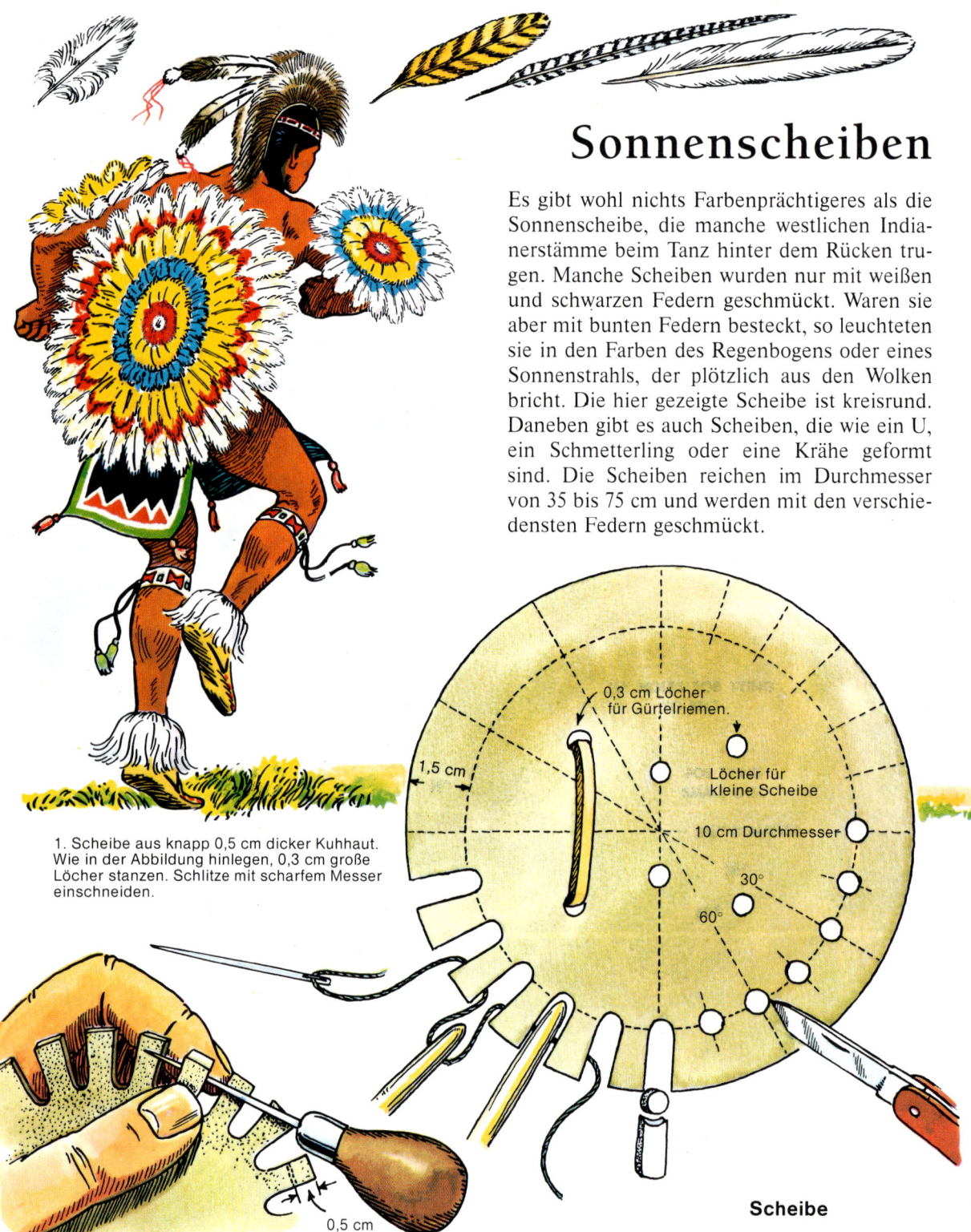

1. Scheibe aus knapp 0,5 cm dicker Kuhhaut. Wie in der Abbildung hinlegen, 0,3 cm große Löcher stanzen. Schlitze mit scharfem Messer einschneiden.

0,3 cm Löcher für Gürtelriemen.

1,5 cm

Löcher für kleine Scheibe

10 cm Durchmesser

30°

60°

2. Mit Ahle Löcher für Schnur bohren.

0,5 cm

Scheibe

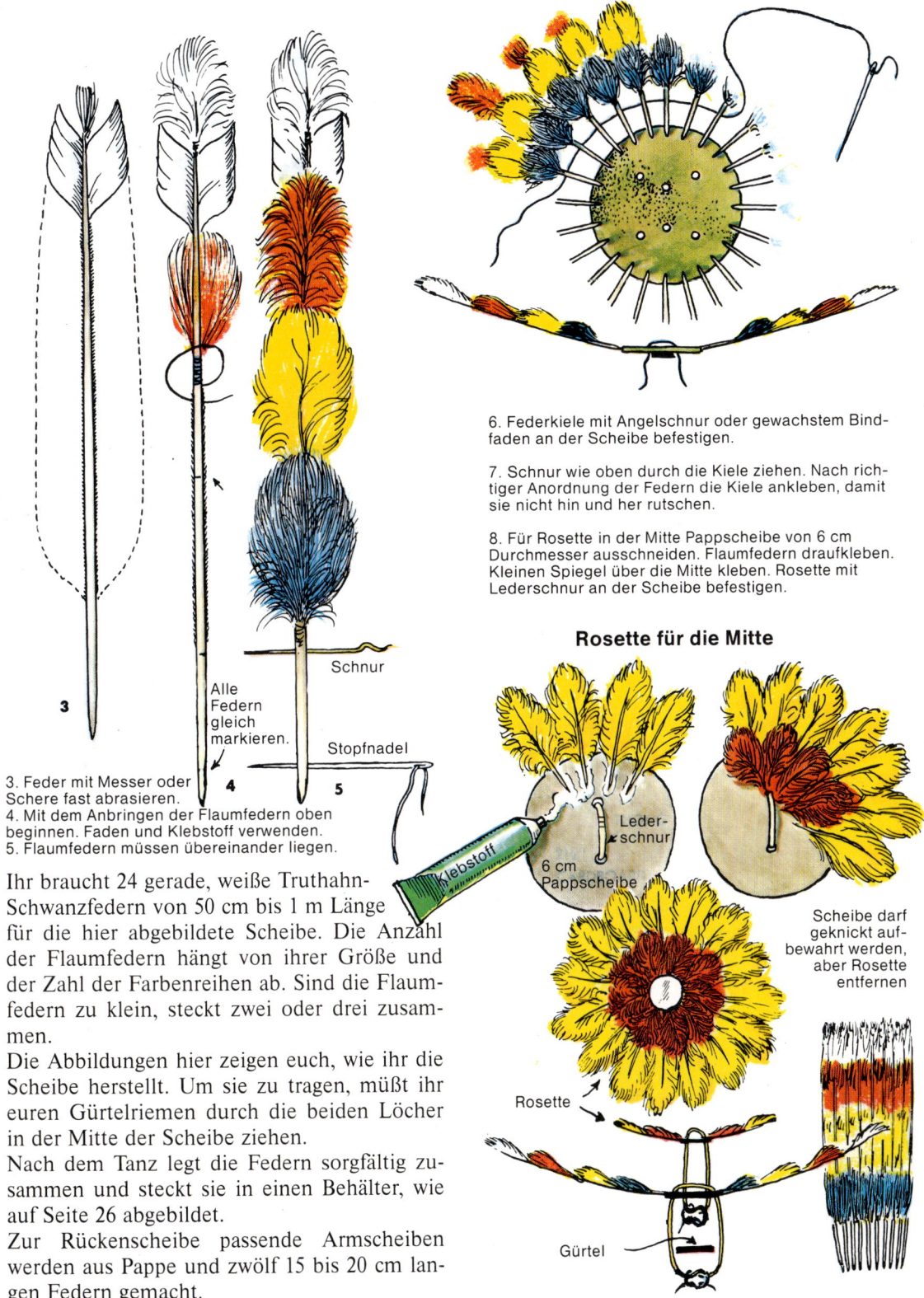

6. Federkiele mit Angelschnur oder gewachstem Bindfaden an der Scheibe befestigen.

7. Schnur wie oben durch die Kiele ziehen. Nach richtiger Anordnung der Federn die Kiele ankleben, damit sie nicht hin und her rutschen.

8. Für Rosette in der Mitte Pappscheibe von 6 cm Durchmesser ausschneiden. Flaumfedern draufkleben. Kleinen Spiegel über die Mitte kleben. Rosette mit Lederschnur an der Scheibe befestigen.

Rosette für die Mitte

Klebstoff

6 cm Pappscheibe

Lederschnur

Scheibe darf geknickt aufbewahrt werden, aber Rosette entfernen

Rosette

Gürtel

Schnur

Alle Federn gleich markieren.

Stopfnadel

3

4

5

3. Feder mit Messer oder Schere fast abrasieren.
4. Mit dem Anbringen der Flaumfedern oben beginnen. Faden und Klebstoff verwenden.
5. Flaumfedern müssen übereinander liegen.

Ihr braucht 24 gerade, weiße Truthahn-Schwanzfedern von 50 cm bis 1 m Länge für die hier abgebildete Scheibe. Die Anzahl der Flaumfedern hängt von ihrer Größe und der Zahl der Farbenreihen ab. Sind die Flaumfedern zu klein, steckt zwei oder drei zusammen.

Die Abbildungen hier zeigen euch, wie ihr die Scheibe herstellt. Um sie zu tragen, müßt ihr euren Gürtelriemen durch die beiden Löcher in der Mitte der Scheibe ziehen.

Nach dem Tanz legt die Federn sorgfältig zusammen und steckt sie in einen Behälter, wie auf Seite 26 abgebildet.

Zur Rückenscheibe passende Armscheiben werden aus Pappe und zwölf 15 bis 20 cm langen Federn gemacht.

Indianische Perlenstickerei

Als Kolumbus Amerika entdeckte, verwendeten die Indianer bereits Perlen zur Verzierung von Gegenständen. Sie stellten die Perlen aus Muschelschalen, Knochen, Krallen und Steinen her.

Die Algonkin und Irokesen an der Ostküste machten Perlen aus verschiedenen Seemuscheln. Diese Perlen hießen „Wampum", ein Wort aus der Algonkinsprache, das „eine Schnur von Muschelperlen" bedeutet. Die ersten holländischen und englischen Siedler benutzten diese Perlen als Zahlungsmittel. Die roten Perlen waren doppelt so viel wert wie die weißen.

Sehr bald merkten die Siedler, daß sie mit Glasperlen aus Europa gute Geschäfte machen konnten.

Die ersten Perlen hatten einen Durchmesser von etwa 0,5 cm und waren fast doppelt so groß wie spätere Perlen. Sie hießen Ponyperlen und waren von unregelmäßiger Größe und Form. Zu den gebräuchlichsten Farben gehörten Himmelblau, Weiß und Schwarz, seltener Sandfarben, Hellrot, Dunkelrot und Dunkelblau.

Die kleinen, runden Saatperlen findet man bei Stickereien am häufigsten. Es gibt sie in den verschiedensten Farben. Die Indianer bevorzugten Rot, Orange, Gelb, Hellblau, Dunkelblau, Grün, Lavendel und Schwarz.

Die blumengemusterten Gewänder der Missionare brachten die Waldland-Indianer der Großen Seen auf die Idee, Blumenmuster zu verwenden. Heute sticken jedoch auch viele andere Stämme Blumenmuster. Es gibt vier Hauptmuster. Drei davon werden nur von ganz bestimmten Stämmen benutzt. Das vierte Muster ist allgemein verbreitet und ganz einfach in der Ausführung. Es handelt sich um geometrische Figuren wie Dreiecke, Stundengläser, Kreuze und Rechtecke, mit denen man schmale Streifen auf Leggings, Gewänder oder Decken stickt.

Die Sioux stickten großflächige Muster auf einen festen, hellen Untergrund, der fast ausnahmslos weiß, gelegentlich auch mittel- oder hellblau war. Bei den Mustern herrschen Rot und Blau vor, Gelb und Grün erscheinen nur selten. Die Perlen werden aufgelegt und am Rand mit dem Faden befestigt (siehe Abb. S. 63). Die Krähen-Indianer und Shoshonen stickten auf roten Stoff oder Deckenstoff, wobei dieser als Unterlage diente. Weiß nahmen sie nur, um damit die Figuren zu umranden. Die Farben ihrer Muster sind ein blasses Blau, ein blasses Lavendel, Grün und Gelb, ganz selten auch Dunkelblau. Rote Perlen vermieden sie, weil sie auf dem roten Stoff nicht zu sehen waren. Diese beiden Stämme nähten die Perlen auf.

Die Stickerei der Schwarzfuß-Indianer erkennt man an den zahlreichen kleinen Quadraten oder Rechtecken, die sie zu größeren Figuren wie Dreiecken, Quadraten, Rhomben, Terrassen und Kreuzen zusammenfügten. Die große Figur ist meist einfarbig, die kleinen, die sie umranden, mehrfarbig. Für den Untergrund benutzten sie meistens Weiß, ab und zu auch Hellblau und Grün. Sie nähten die Perlen auf.

Die winzigen Muster bei den Schwarzfuß-Indianern lassen darauf schließen, daß ihre Stickkunst noch nicht so alt ist. Die Ponyperlen wären für diese Figuren zu groß gewesen. Möglicherweise haben die Schwarzfüße damit auch die gewebte Quill-Arbeit einiger nordwestlicher Stämme nachgeahmt, mit denen sie in Berührung kamen.

Es gibt drei Arten von Perlenstickerei: Das Weben, das Auflegen und das Aufnähen von Perlen.

Ponyperlen Saatperlen

Wampum der Indianer Wampum der Weißen

Weben von Perlen

Der Webrahmen muß 15 cm länger sein als die Stickerei, damit man die Muster richtig verteilen kann. Von der Mitte ans Ende arbeiten! Kettenfäden wachsen, für die Ränder doppelte Kettenfäden verwenden.

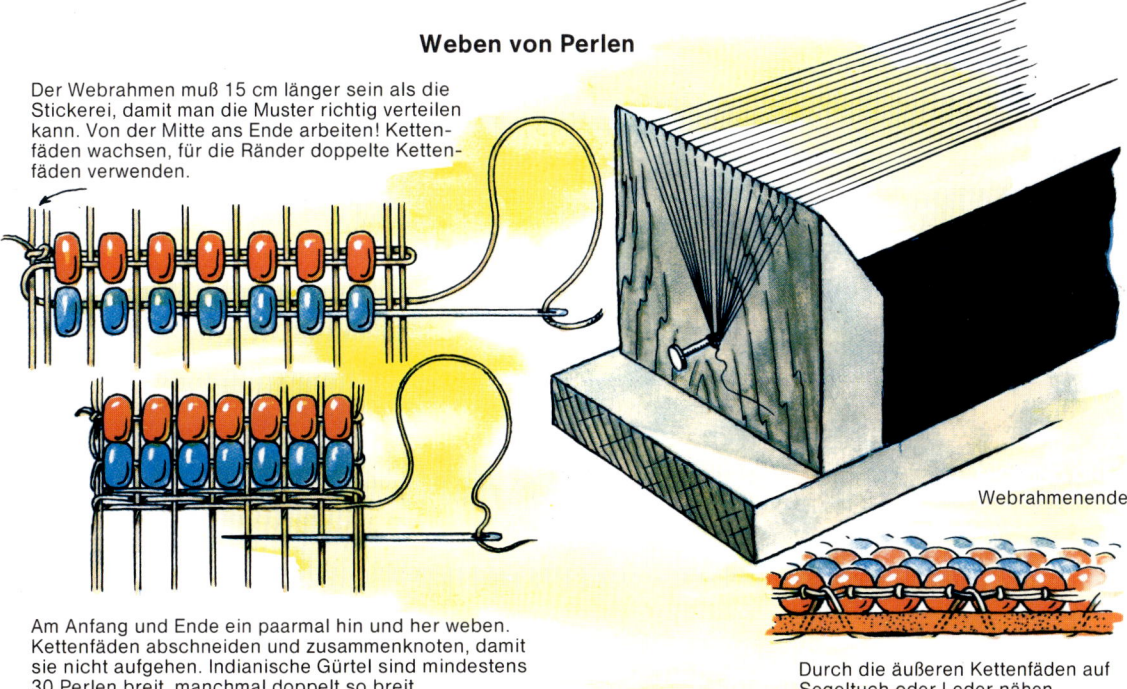

Am Anfang und Ende ein paarmal hin und her weben. Kettenfäden abschneiden und zusammenknoten, damit sie nicht aufgehen. Indianische Gürtel sind mindestens 30 Perlen breit, manchmal doppelt so breit.

Webrahmenende

Durch die äußeren Kettenfäden auf Segeltuch oder Leder nähen.

Das *Weben von Perlen* ist sehr beliebt, da es keine großen Schwierigkeiten bereitet. Gürtel, Hutbänder und Streifen für Leggings kann man auf diese Art leicht besticken. Dafür müßt ihr euch jedoch zuerst einen Webrahmen zimmern.

Der Webrahmen sollte ungefähr 6 cm breit und etwa 15 cm länger als euer längster bestickter Gegenstand sein. Die Kerben, die die Kettenfäden halten, müßt ihr in Abständen von etwa 0,5 cm ungefähr 2 mm tief einschneiden. Streicht den Webrahmen schwarz an, um eure Augen zu schonen, denn Perlenweben strengt die Augen an.

Zuerst bespannt ihr den Webrahmen mit den Kettenfäden. Jeder Faden wird in seine Kerbe gelegt und an der Schraube am Rand des Rahmens befestigt. Gewöhnlich nimmt man eine gerade Zahl von Kettenfäden, damit man eine ungerade Zahl von Perlen erhält.

Die Kettenfäden sollten dicker als die Webfäden sein. Starker Zwirn eignet sich als Webfaden am besten. Alle Fäden müssen mit Bienenwachs eingewachst werden, damit sie gut halten und die Perlen nicht hin und her rutschen.

Achtet darauf, daß eure Perlen gleich groß sind, sonst sieht eure Stickerei stümperhaft aus.

Auflegen von Perlen

Auf Segeltuch oder Lederstreifen nähen, das weich genug für das Durchstechen mit der Nadel ist und fest genug, um sich nicht zu verziehen.

Je nach Größe des Gürtels 6 bis 8 Perlen in einer Reihe aufziehen. Der Gürtel kann 3 bis 5 Reihen breit sein. Nylonfaden verwenden!

Enden mit Lederschnüren festbinden oder Schnalle aufsetzen.

Diese Technik benutzten die Prärie-Indianer. Mit ausgesuchten Perlen sieht die Stickerei besser aus, obgleich unregelmäßig geformte Perlen auch nicht weiter auffallen. Die Indianer nähten auf ziemlich dickes Hirsch- oder Elchleder. Sie stachen nicht ganz mit der Nadel hindurch, sondern nur in die Oberfläche des Leders. Euch rate ich jedoch, die Perlen mit gewachstem Teppichgarn ganz auf das Leder oder den Stoff zu nähen. Anfänger sollten nicht direkt auf das Kleidungsstück sticken, sondern auf einen dicken Stoff, auf Segeltuch oder Leder. Dieses wird dann auf das Kleidungsstück genäht.

Beim *Aufnähen von Perlen* wird ein Faden mit aufgereihten Perlen mit einem zweiten Faden

Aufnähen von Perlen

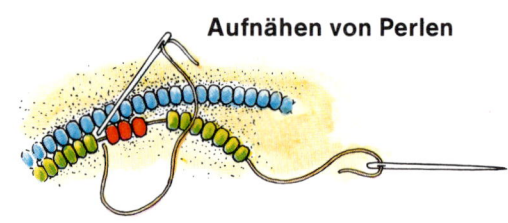

Zwei Nadeln und zwei Fäden benutzen. Nach jeder 2. oder 3. Perle einstechen.

Wie man Rosetten macht

1. Einen Weiden- oder Eschenzweig auf 10 cm Durchmesser rund biegen. Lederstück von 7,5 cm Durchmesser mit festem Zwirn hineinspannen.

2. Markieren wie Abbildung (Donnervogel) zeigt. Rosetten haben 4,5 bis 5 cm Durchmesser oder 11 bis 12 Perlenreihen.

3. Faden verknoten und mittlere Perle annähen.

4. Erste Reihe festnähen.

5. Von jetzt an nach der 4. Perle einstechen, zurückgehen und die letzten beiden Perlen wieder annähen.

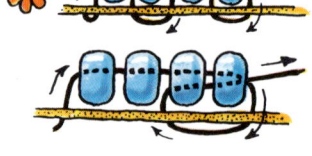

6. Nachdem jede Reihe genäht ist, den Faden wieder durch die ganze Reihe ziehen, damit die Perlen gleichmäßig liegen.

7. Lederstreifen als Schlaufe an eine feste Unterlage nähen. Dann auf der Unterlage die Rosette anbringen.

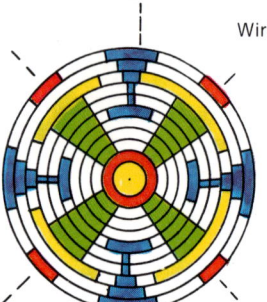

Donnervogel

Wirbelnde Blöcke

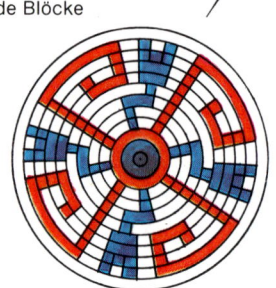

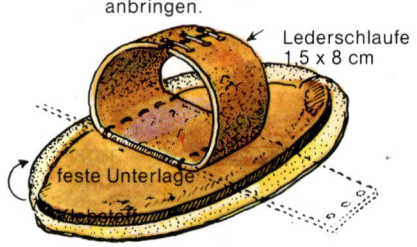

Lederschlaufe 1,5 x 8 cm

feste Unterlage

Unterlage einschlagen und festkleben.

aufgenäht. Der Einstich erfolgt nach jeder zweiten oder dritten Perle. In dieser Methode sticken die Waldland- und Prärie-Indianer ihre Blumenmuster.

Bevor ihr die Perlen aufnäht, müßt ihr den Stoff auf einem Rahmen befestigen, damit er glatt liegt. Für kleinere Muster, wie Rosetten, könnt ihr einen Stickrahmen nehmen.

Nachgemachte Quill-Arbeit empfehle ich Anfängern und für stark beanspruchte Gegenstände. Sorgfältig gemacht, sieht sie sehr gut aus. Von weitem kann man sie von echter Quill-Arbeit

nicht unterscheiden. Diese Technik geht schnell und kostet wenig.

Man braucht gewöhnlichen Spannlack, mehrere wie Meißel zugeschnitzte Holzstäbe, ein Taschenmesser und eine Ahle. Fehler kann man mit Spannlack-Verdünner ausbessern. Kratzt den alten Lack mit einem stumpfen Messer ab und beginnt von neuem. Sorgfältig arbeiten!

Bevor der bunte Spannlack aufgetragen wird, muß die gesamte Fläche mit durchsichtigem Lack abgedeckt werden.

Nachgemachte Quill-Arbeit

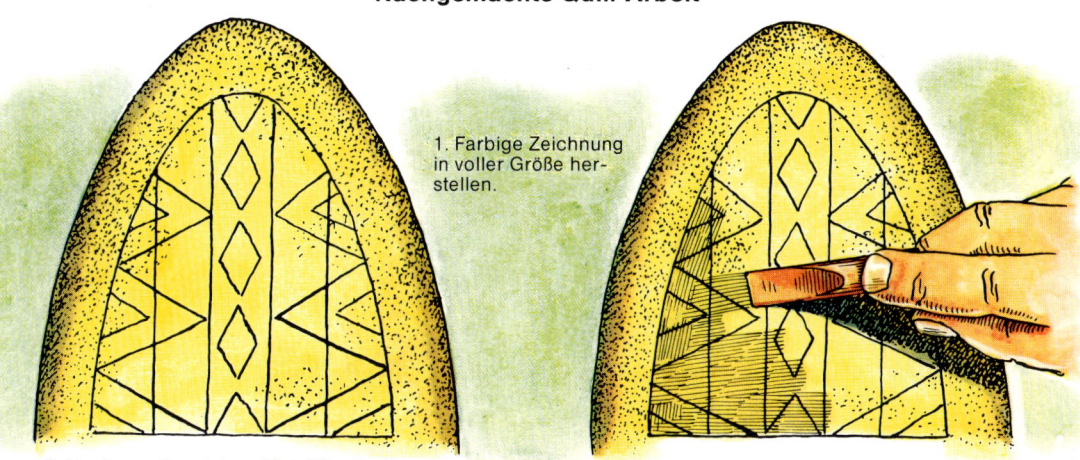

1. Farbige Zeichnung in voller Größe herstellen.

2. Umrisse mit weichem Bleistift oder Kugelschreiber auf das Leder zeichnen.

3. Den zu verzierenden Teil mit durchsichtigem Lack decken und diesen mit abgeflachtem Holz gut verteilen.

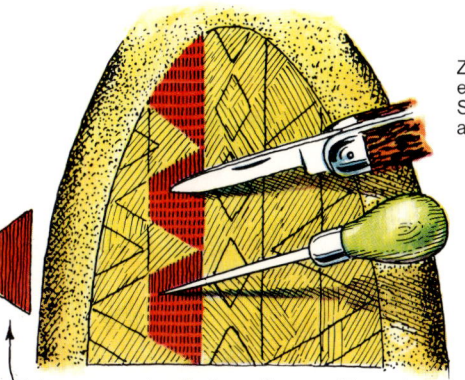

Zuerst auf einem alten Stück Leder ausprobieren.

4. Immer nur eine Farbe auftragen. Wenn sie zu trocknen beginnt, mit stumpfem Messer oder Ahle Linien im Abstand von 0,2 cm bis zum Leder einritzen. Spannlack verwenden.

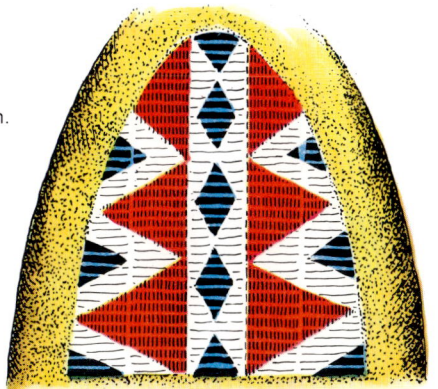

5. Jeden Teil getrennt einritzen, so entsteht der Eindruck von Quill-Arbeit oder sogar Perlenstickerei.

Muster für Perlenstickereien

Anfänger machen meistens den Fehler, sich viel zu schwierige Muster auszusuchen. Bald geben sie die Arbeit entmutigt auf – dabei macht sie so viel Spaß!

Am besten beginnt ihr mit einem einfachen Muster, das sich immer wiederholt. Für solch ein Muster eignen sich schmale Hutbänder oder Gürtel, die nicht länger als 30 cm sein sollten. Einen Fehler könnt ihr ohne allzu große Mühe ausbessern. So läßt sich eine kleine Stickerei in recht kurzer Zeit fertigstellen. Danach habt ihr das Gefühl, etwas geleistet zu haben und freut euch auf die nächste Arbeit.

Wenn eure Stickerei gut werden soll, müßt ihr zuerst einen Entwurf von dem Muster machen, das ihr sticken wollt. Dafür braucht ihr einen Satz Buntstifte (Kreidestifte sind zu groß und zu weich). Buntstifte sind hart, so daß man sie gut spitzen kann. Außerdem benötigt ihr Karopapier mit besonders kleinen Karos. Das bekommt ihr in einem Handarbeitsgeschäft. Ihr könnt aber auch die leere Seite auf Seite 69 benutzen. Ihr braucht euch nur ein paar Blätter Pauspapier zu besorgen. Legt das Pauspapier auf diese leere Seite und klebt es mit Klebeband an den Seiten fest, damit es nicht ver-

rutscht. Jetzt könnt ihr eure Muster eintragen. Ihr könnt so viele Muster in Farbe machen, wie ihr wollt, indem ihr einfach immer wieder ein neues Blatt Papier nehmt. Achtet beim Entwerfen darauf, daß die Muster gut zusammenpassen. Wählt solche Muster, die für die Stämme, mit denen ihr euch beschäftigt, typisch sind. Auch die Zusammenstellung der Farben ist wichtig.

Wenn man echte indianische Perlenstickerei herstellt, darf man Muster und Farben verändern. Wir wollen ja keine richtigen Indianer sein, sondern wir leihen uns bloß ihre Kunstfertigkeit aus. Natürlich sollet ihr die Muster der Waldland-Indianer und der Prärie-Indianer nicht miteinander vermischen. Aber die Farben hängen ganz von eurem persönlichen Geschmack ab. Sehr oft benutzten die Indianer auch Perlen, die sie gerade zur Hand hatten. Euch wird es nicht anders gehen, und deshalb müßt ihr eure Entscheidung selbst treffen.

Weiß ist gewöhnlich eine gute Untergrundfarbe für alle Stickereien, besonders wenn diese auf ein dunkles Material aufgenäht werden. Türkisfarbener Untergrund wirkt besonders schön auf Leder.

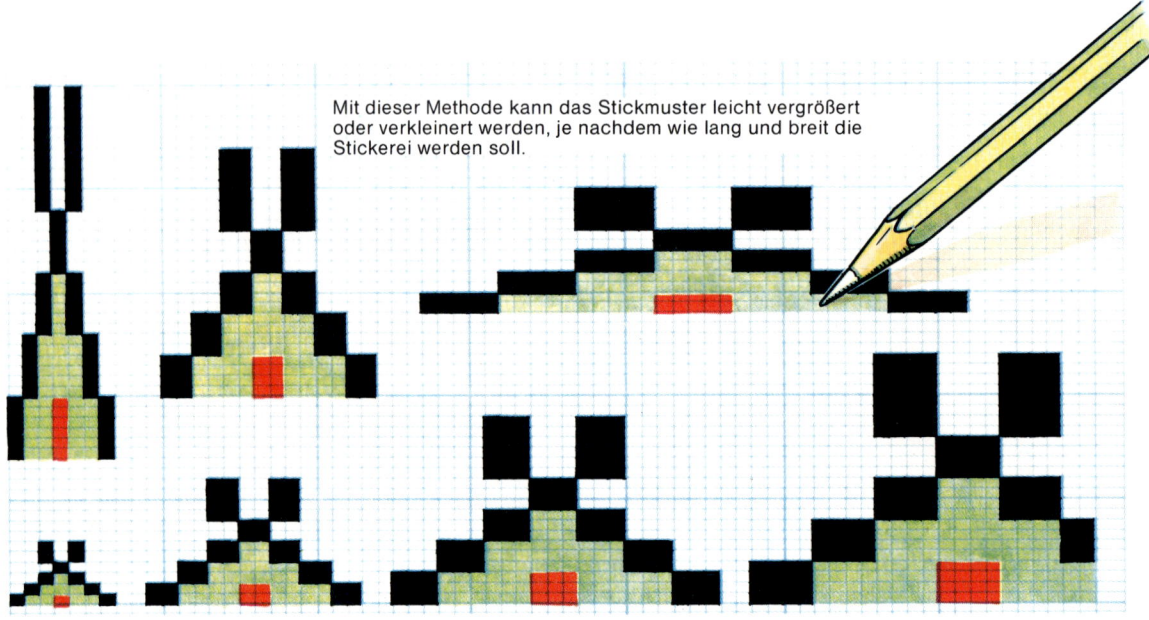

Mit dieser Methode kann das Stickmuster leicht vergrößert oder verkleinert werden, je nachdem wie lang und breit die Stickerei werden soll.

Hier Pauspapier aufkleben.

Darstellungen des Donnervogels

Pueblo

Zuni-Messerflügelmann
(oft fälschlich für Vogel gehalten)

Zia

Ojibwa

Pima

Zia Regenvogel

Südwesten

Acoma

Den geheimnisvollen Donnervogel verehrten eigentlich alle Indianerstämme auf die eine oder andere Weise. In der Prärie, wo die Gewitter besonders eindrucksvoll sind, glaubten die Indianer, daß der Donnervogel ein Gott in Gestalt eines riesigen Vogels sei. Wenn er mit seinen Flügeln schlug, donnerte es. Wenn er die Augen auf und zu machte, blitzte es. Auf seinem Rücken trug er einen See mit frischem Wasser. Wenn der Vogel durch die Luft flog, floß das Wasser in Strömen herunter.

Die Stämme im Nordwesten glaubten, daß der Donnervogel während eines Gewitters Wale fing. Seine Flügel benutzte er als Bogen, mit dem er Pfeile abschoß. Jeder Stamm stellte sich den Vogel anders vor, wie die Abbildungen auf diesen beiden Seiten zeigen. Mit dem Donnervogel verzierte man Trommeln, Töpferwaren und Wände, um sich vor den bösen Geistern zu schützen.

Nordwestküste

Elster

Arapaho-Adler

Südwesten

Andere Zeichen und Muster

Neben dem Donnervogel verwendeten die Indianer viele andere Zeichen und Muster zur Verzierung ihrer Töpferwaren und Kleidung. Die Zeichen auf diesen Seiten sind von verschiedenen Stämmen. Ihr könnt damit Mokassins, Westen, Kriegstrommeln und Tipis verzieren. Die Indianer gewannen ihre Farben aus Wurzeln, Beeren, Rinden, Früchten von Pflanzen und Büschen, oder sie benutzten Mineralfarben. Mischt eure Wasser- oder Lackfarben sorgfältig, damit sie nicht grell wirken.

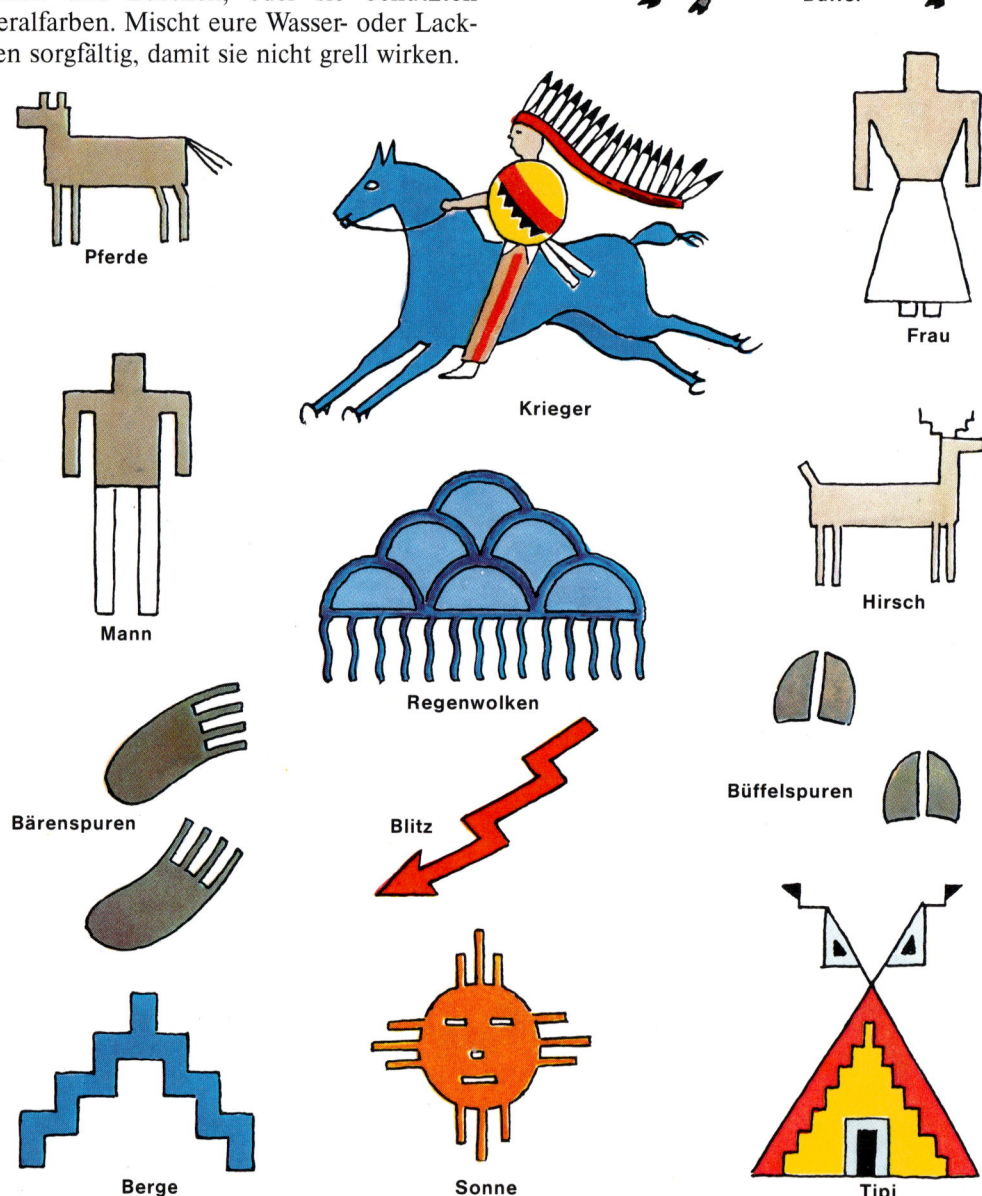

Büffel

Pferde

Krieger

Frau

Mann

Hirsch

Regenwolken

Bärenspuren

Blitz

Büffelspuren

Berge

Sonne

Tipi

Waldland = geometrische Muster in Perlenweberei (Ojibwa)

Waldland = Blumenmuster in aufgenähter Perlenarbeit (Ojibwa)

Schwarzfuß-Indianer = geometrische Muster und Blumenmuster. Perlen aufgenäht

Sioux = geometrische Stickerei, Perlenauflegearbeit

Ute = geometrisch   **Pueblo** = gemalte Muster

Make-up
für Beine,
dunkel

LEG Make-up DARK

CLEANSING TISSUE

Papiertücher

Schwamm

Schminkpuder

Cold Cream

Hautcreme

Schminkstifte

Zuerst Lider und
Umgebung der Augen
schminken.

Ohren ganz schminken.

Schminke im Haaransatz und der
unteren Gesichtshälfte verstreichen.

Hals sowie Brust und Schultern
schminken, wenn sichtbar.
Hände und Arme gleichfalls.

Einen Tupfer Rouge auf Wangen-
knochen und Kinn verwischen.

Indianisches Make-up

Die Indianer bemalten ihre Gesichter und Körper aus verschiedenen Gründen – manchmal
zum Schutz gegen Sonne, Wind und Insekten.
Einige Zeichen wiesen auf Mitgliedschaft in
politischen oder religiösen Gesellschaften, andere auf tapfere Taten hin. Oft waren sie auch
einfach nur persönliche Verzierungen ohne Bedeutung.

Der trockene Farbstoff wurde in Lederbeuteln
aufbewahrt und vor dem Auftragen mit Bären-
oder Büffelfett vermischt. Die Indianer nahmen
oxyd- oder eisenhaltigen Lehm für Rot, Por-
zellanerde für Weiß, Holzkohle für Schwarz,

74

pulverisiertes Kupfererz für Grün. Im allgemeinen bedeutete Schwarz = Tod, Rot = Leben, Blau = Traurigkeit oder Ärger, Weiß = Frieden oder Reinheit, Gelb = Freude.

Für jemanden mit heller Haut ist das beste indianische Make-up ein tiefdunkles Braun. Man kann Theaterschminke oder Bräunungscreme nehmen und sie mit den Fingern oder einem Schwämmchen auftragen. Es darf kein Stück-

chen von dem alten Bleichgesicht durchscheinen, sonst ist die Wirkung dahin!

Zu viele Zeichen oder Muster auf Gesicht und Körper lenken vom Kostüm ab. Geht also sparsam damit um.

Die Indianer bemalten oft ihren ganzen Körper mit blauer oder weißer Farbe. Davon rate ich ab. Solche Farben sind ölhaltig und sehr schwer zu entfernen.

Schminkvorschläge

Das Teufelstanz-Kostüm
der Apachen

Die Apachen lebten als Nomaden im Südwesten. Ihre Tänze sind religiöse Feiern, in denen sie ihre Götter verehren: Sonne, Mond, Planeten, Wind, Regen, Donner, Blitz und bestimmte Tiere. Bei diesen Feiern benutzten sie viele Amulette und Zaubergegenstände. Masken und Kopfschmuck werden unter der Aufsicht eines Priesters hergestellt. Bevor sich die Tänzer versammeln, reinigen sie sich durch ein Schwitzbad.

Die Kostüme der Medizinmänner sind sehr farbenprächtig. Keines gleicht dem anderen. Gewöhnlich tanzen vier Tänzer, von denen einer den Teufel darstellt.

An die Stoffmaske, die das Gesicht bedeckt, wird ein fächerförmiger Kopfschmuck aus dünnen, schmalen (Yucca-)Holzstäben angebracht. Diese Stäbe werden unterschiedlich angeordnet und mit Zeichen für Sonne, Mond, Sterne, Regen, Blitz usw. bemalt. Der Fächer soll die ausgebreiteten Schwanzfedern eines großen Vogels darstellen. Statt des Holzfächers wurden manchmal auch Truthahnfedern verwendet.

Die Medizinmänner machten zwei Masken. Diese wurden so lange benutzt, bis man glaub-

te, sie seien verbraucht und hätten ihre Zauberkraft verloren. Dann wurden sie durch neue Masken ersetzt, die frischen und starken Zauber besaßen.

Das hier gezeigte Kostüm ist einem Kostüm nachgebildet, das die Kronentänzer in der San-Carlos-Reservation in Neu-Mexiko tragen.

langärmeliges, schwarzgefärbtes
Unterhemd mit aufgemalten weißen
Mustern statt Körperbemalung

Glöckchen

Ein breiter, schwarzer Ledergürtel mit Messingnägeln und silbernen Glöckchen gehört dazu.

Glöckchen

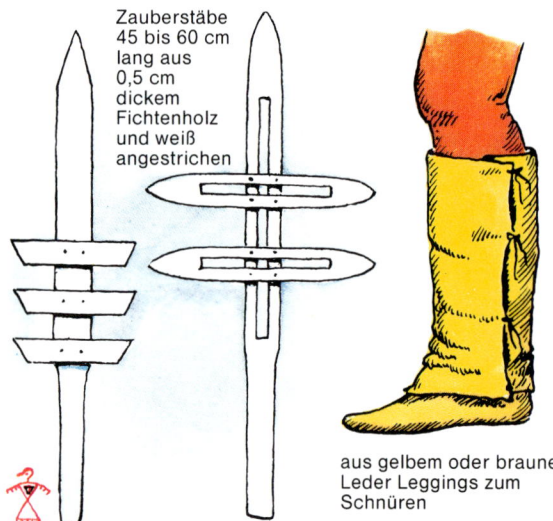

Zauberstäbe
45 bis 60 cm
lang aus
0,5 cm
dickem
Fichtenholz
und weiß
angestrichen

aus gelbem oder braunem
Leder Leggings zum
Schnüren

Rock aus gelbem Leder oder gefärbtem Flanell.
Fransen aus Stoff oder Leder, 0,5 cm breit,
mit Metallschere zuschneiden und an den Rock
nähen. Glöckchen anhängen.

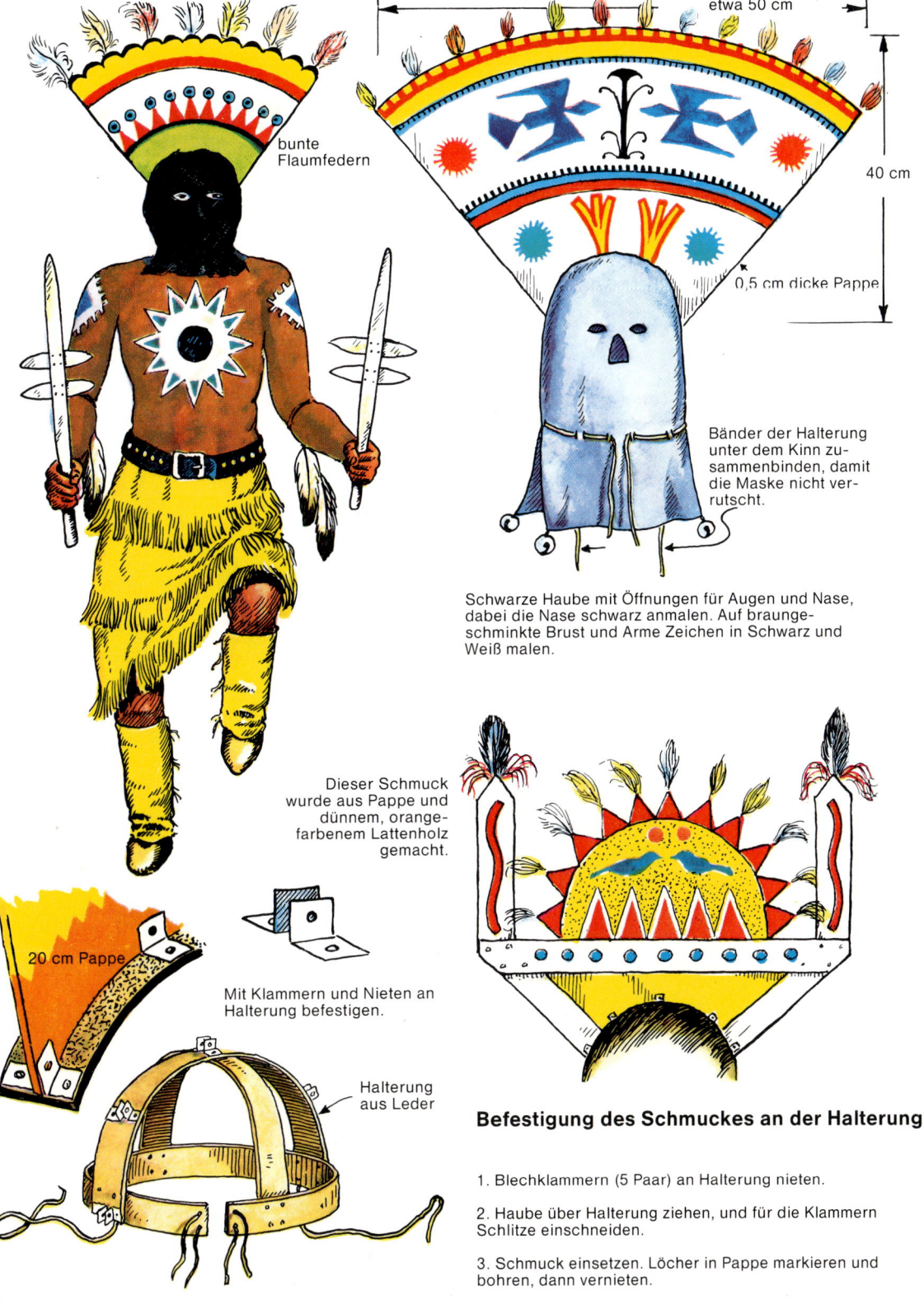

bunte
Flaumfedern

etwa 50 cm

40 cm

0,5 cm dicke Pappe

Bänder der Halterung
unter dem Kinn zu-
sammenbinden, damit
die Maske nicht ver-
rutscht.

Schwarze Haube mit Öffnungen für Augen und Nase,
dabei die Nase schwarz anmalen. Auf braunge-
schminkte Brust und Arme Zeichen in Schwarz und
Weiß malen.

Dieser Schmuck
wurde aus Pappe und
dünnem, orange-
farbenem Lattenholz
gemacht.

20 cm Pappe

Mit Klammern und Nieten an
Halterung befestigen.

Halterung
aus Leder

Befestigung des Schmuckes an der Halterung

1. Blechklammern (5 Paar) an Halterung nieten.

2. Haube über Halterung ziehen, und für die Klammern
Schlitze einschneiden.

3. Schmuck einsetzen. Löcher in Pappe markieren und
bohren, dann vernieten.

Das Büffeltanz-Kostüm

Der Büffel spielte bei den Feiern und in der Glaubensvorstellung der Prärie-Indianer eine wichtige Rolle. Am Lagerfeuer wurden viele Sagen und Geschichten über den Büffel erzählt.

Der erste Büffelgeist soll in einer Höhle im Norden geboren worden und ganz weiß gewesen sein. Man schrieb ihm große Heilkraft zu, besonders bei Wunden. Gab es in einer Herde einen weißen Büffel, so glaubte man, der Büffelgeist sei auf die Erde zurückgekehrt. Das Fell dieses Tieres war heilig und diente besonderen religiösen Zwecken.

Die meisten Prärie-Stämme hatten Büffelgesellschaften. Ihre Mitglieder nahmen an bestimmten Büffelfeiern und -tänzen teil. Diese Männer trugen Namen, die an Bewegungen dieses Tieres erinnerten, z. B. „Sitting Bull" (Sitzender Bulle).

Der Büffeltanz hat viele Ausdrucksformen. Manchmal wird eine Büffelherde dargestellt. Dabei trägt ein Tänzer eine Büffelmaske und einen Büffelschwanz, andere sind Jäger, die sich mit gefiederten Lanzen und Schildern an den Büffel heranpirschen.

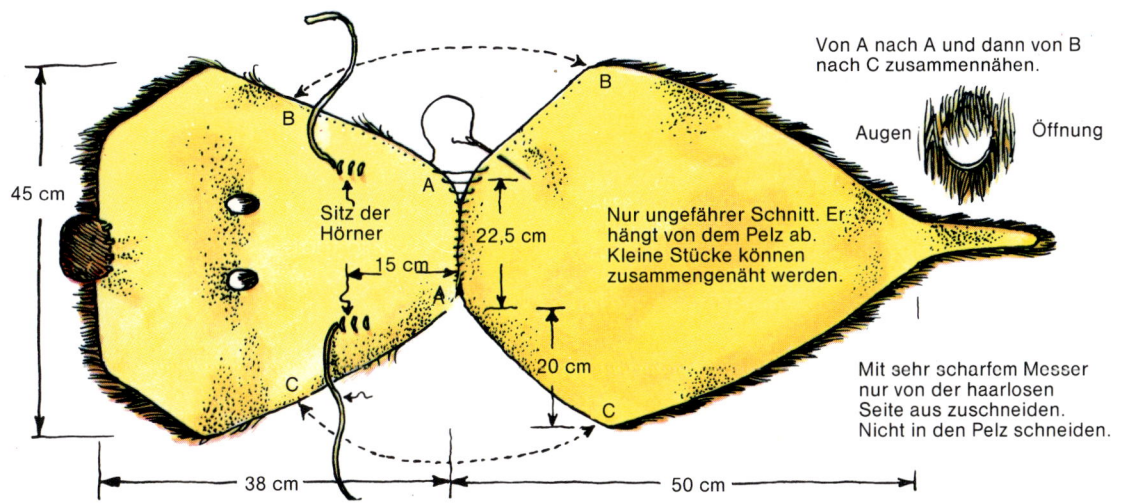

Von A nach A und dann von B nach C zusammennähen.

Augen   Öffnung

45 cm

Sitz der Hörner

Nur ungefährer Schnitt. Er hängt von dem Pelz ab. Kleine Stücke können zusammengenäht werden.

22,5 cm

15 cm

20 cm

Mit sehr scharfem Messer nur von der haarlosen Seite aus zuschneiden. Nicht in den Pelz schneiden.

38 cm   50 cm

Diese Maske ist aus einem alten Fellteppich gemacht. Zwei aneinandergenähte Teile, Haare verlaufen nach unten. Augenlöcher zuletzt einschneiden: Maske aufsetzen und an der Innenseite mit Kreide die Augenlöcher markieren. Pelz wird immer von innen zugeschnitten und zusammengenäht, wie die Abbildung zeigt.

Nase aus 5 cm dickem Fichtenholz zuschneiden. Nase schwarz, Nüstern rot anmalen.

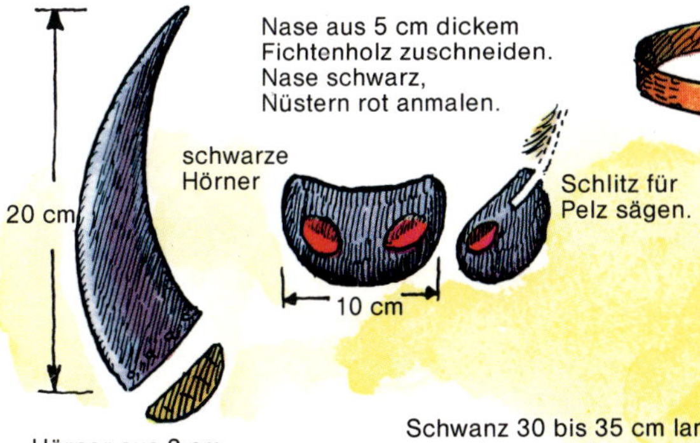

schwarze Hörner

Schlitz für Pelz sägen.

20 cm

10 cm

Hörner aus 2 cm dicker Fichte sägen, abrunden und mit Holzscheibe durch den Pelz aneinander nageln.

Schwanz 30 bis 35 cm lang, aus schwarzem Leder mit Haarbüschel am Ende. Dieser Gürtel wird über dem Lendenschurzgürtel getragen.

Gebet zum Tod des Büffels

Das Kostüm für den
Pferdeschwanz-Tanz

Ursprünglich wanderten die Indianer zu Fuß, trugen ihren Besitz auf dem Rücken oder beluden ihre Hunde damit. Die Stämme blieben immer im Umkreis ihres nicht sehr großen Jagdgebietes, solange es genug Nahrung gab.

1519 brachte Cortez, der spanische Eroberer, Pferde mit nach Nordamerika. Das veränderte bald das Leben aller Indianerstämme. Von Stamm zu Stamm wurden Pferde verkauft oder gestohlen, bis das Pferd schließlich auch zu den Prärie-Indianern gelangte.

Die Prärie-Indianer sind geborene Reiter. Jetzt konnten sie den Büffel leichter erlegen. Sie ritten neben ihm und schossen ihm mit Pfeil und Bogen direkt ins Herz. Die Tipis wurden größer, weil sie auf Travois (Schleppbahnen) von Pferden gezogen wurden. Kriegführende Stämme konnten bei der Verfolgung ihrer Feinde größere Entfernungen zurücklegen, und bald wurden die schwächeren Stämme immer weiter von ihren Wohngebieten vertrieben. Es ist also nicht weiter verwunderlich, daß das Pferd bei indianischen Tänzen eine wichtige Rolle spielt.

Das hier abgebildete Kostüm ist recht farbenprächtig und kommt besonders gut zur Wirkung, wenn 12 bis 16 Tänzer zusammen tanzen.

Es ist auch leicht herzustellen, wie die Anweisungen auf Seite 81 zeigen.

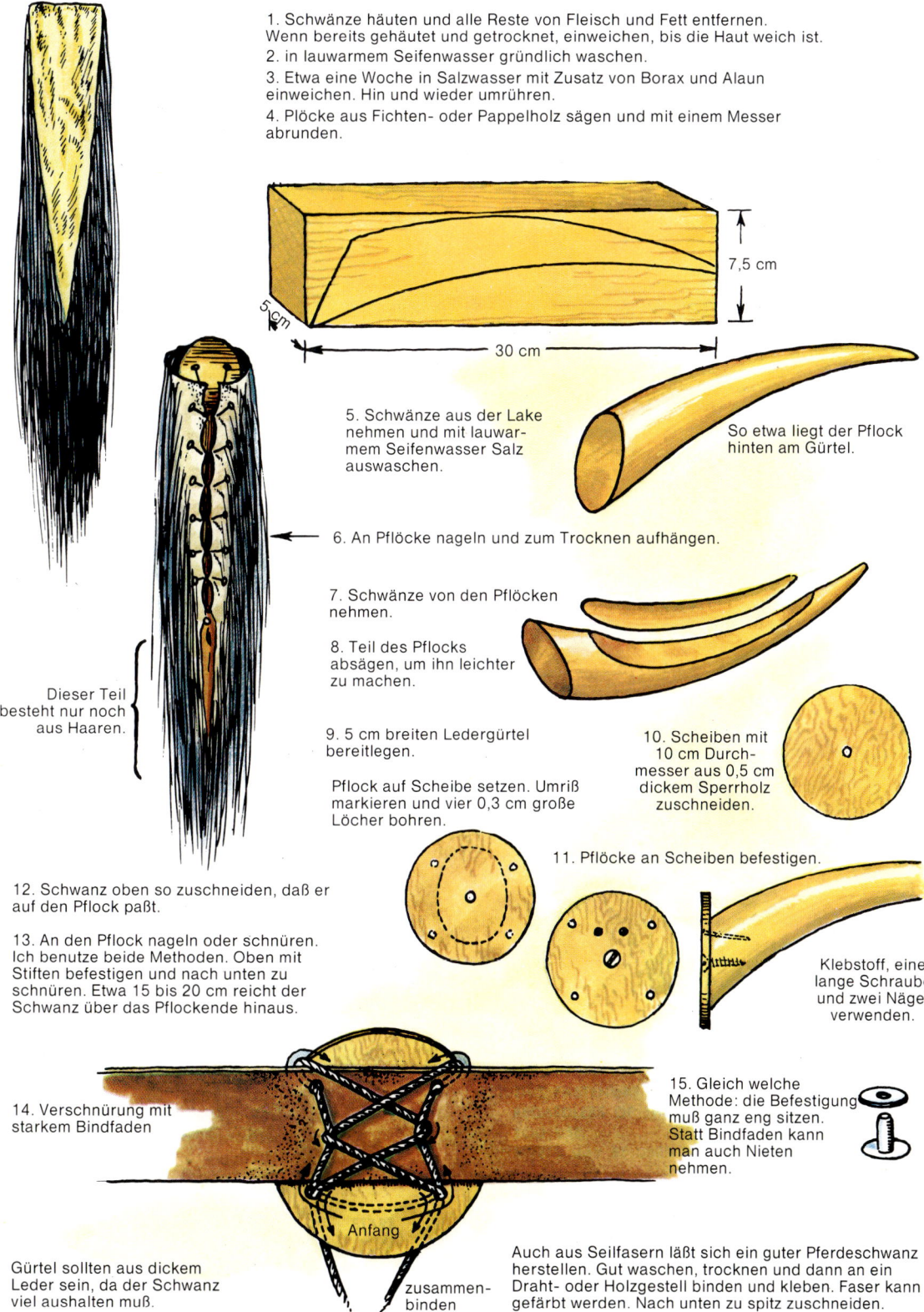

1. Schwänze häuten und alle Reste von Fleisch und Fett entfernen. Wenn bereits gehäutet und getrocknet, einweichen, bis die Haut weich ist.

2. in lauwarmem Seifenwasser gründlich waschen.

3. Etwa eine Woche in Salzwasser mit Zusatz von Borax und Alaun einweichen. Hin und wieder umrühren.

4. Plöcke aus Fichten- oder Pappelholz sägen und mit einem Messer abrunden.

7,5 cm

5 cm

30 cm

5. Schwänze aus der Lake nehmen und mit lauwarmem Seifenwasser Salz auswaschen.

So etwa liegt der Pflock hinten am Gürtel.

6. An Pflöcke nageln und zum Trocknen aufhängen.

7. Schwänze von den Pflöcken nehmen.

8. Teil des Pflocks absägen, um ihn leichter zu machen.

Dieser Teil besteht nur noch aus Haaren.

9. 5 cm breiten Ledergürtel bereitlegen.

10. Scheiben mit 10 cm Durchmesser aus 0,5 cm dickem Sperrholz zuschneiden.

Pflock auf Scheibe setzen. Umriß markieren und vier 0,3 cm große Löcher bohren.

11. Pflöcke an Scheiben befestigen.

12. Schwanz oben so zuschneiden, daß er auf den Pflock paßt.

13. An den Pflock nageln oder schnüren. Ich benutze beide Methoden. Oben mit Stiften befestigen und nach unten zu schnüren. Etwa 15 bis 20 cm reicht der Schwanz über das Pflockende hinaus.

Klebstoff, eine lange Schraube und zwei Nägel verwenden.

14. Verschnürung mit starkem Bindfaden

15. Gleich welche Methode: die Befestigung muß ganz eng sitzen. Statt Bindfaden kann man auch Nieten nehmen.

Anfang

Gürtel sollten aus dickem Leder sein, da der Schwanz viel aushalten muß.

zusammenbinden

Auch aus Seilfasern läßt sich ein guter Pferdeschwanz herstellen. Gut waschen, trocknen und dann an ein Draht- oder Holzgestell binden und kleben. Faser kann gefärbt werden. Nach unten zu spitz zuschneiden.

Das Adlertanz-Kostüm

Körper nur braun bemalen.

40 bis 60 Federn für die Flügel. Oberen Teil mit kleinen weißen Federn oder großen Flaumfedern bedecken.

kleben und nähen

Flügel

Hand-hülle

kleben →

Nacken-bänder

Arm-bänder (2)

25 cm   weißer Stoff

Die meisten Indianerstämme hielten den Adler für einen großen und mächtigen Geist. Sie bewunderten seinen Mut und beneideten ihn um seine Stärke. Sie glaubten, er könne bis in den Himmel hinauffliegen und seine Flaumfedern würden Gebete tragen.

Der Adlertanz gehört zu den anmutigsten indianischen Tänzen und das Kostüm zu den prächtigsten aller Tanzkostüme des Südwestens. Gewöhnlich tanzen die Adler paarweise, gelegentlich auch einzeln.

Es gibt verschiedene Arten von Kostümen. Das hier gezeigte wirkt in strahlend hellem Licht und bei dem flackernden Schein des Versammlungsfeuers gleich gut. Der Stoff sollte so lang sein wie die ausgestreckten Arme eines normal großen Jungen oder etwa 165 cm lang, die Federn 20 bis 25 cm lang (siehe Abb. S. 18-19).

Dieses Kostüm tragen die Jemez-Tänzer im Norden des Staates Neu-Mexiko bei ihrem Adlertanz.

Kopfteil

Kappe mit weißen Flaumfedern oder Kaninchenfell bedecken. Federn sind auch möglich, sie müssen aber zuerst befestigt werden.

Flaumfedern von unten nach oben aufkleben.

Schnabel gelb anmalen.

Augen aus Pappe auf Flaumfedern binden

Schwanz

Holz

Flaumfedern

Federn an das Holz kleben und nageln, mit Flaumfedern bedecken.

Schnabel

Schnabel aus Pappe mit gerundeter Spitze

Mit zwei großen Sicherheitsnadeln befestigen.

Schnabel kann auch aus Hartfasern und Klebeband gemacht werden.

Kappe aus altem Filzhut

Statt eines Adlerschmucks kann auch ein Kammschmuck getragen werden.

Wickel-Kilt

Mit zwei großen Sicherheitsnadeln befestigen.

Gamaschen

Strumpfbänder aus gelber Wolle oder Glöckchen dazu tragen.

Hellgelbe Gamaschen, über den Mokassins getragen, sind aus weichem Leder. Ein Stück Stoff um den Knöchel wickeln, um das Maß zu bekommen.

Wickel-Kilt aus Segeltuch herstellen. Gürtel um die Taille schlingen (s. Seite 82), beides mit schwarzer und roter Farbe verzieren.

Indianische Volkstänze

Religiöser Tanz

Indianische Tanzschritte
S. 86–87

Erzählender Tanz

Ein Tanzfest wird meistens von verschiedenen Tanzgruppen bestritten. Jede Gruppe tanzt drei bis fünf Minuten. Wenn sechs oder sieben Gruppen jeweils mehrere Tänze aufführen, so ergibt das ein interessantes, unterhaltsames Programm von ein, zwei Stunden Dauer.

Die meisten alten indianischen Tänze sollten ganz bestimmte Zwecke erfüllen. Der Hopi-Schlangentanz und andere Tänze im Südwesten waren Gebete um Regen. Manche Tänze sollten Heilung, manche Tod bringen. Andere wiederum fanden zum Vergnügen oder bei Hochzeiten statt.

Ganz früher tanzten die Indianer den Kriegstanz, um die Männer in die richtige kriegerische Stimmung zu bringen, bevor sie in die Schlacht zogen. Bei der Rückkehr der Helden wurden Siegesfeiern abgehalten, um ihren Erfolg zu feiern.

Die echten indianischen Tänze hatten also nichts mit Unterhaltung zu tun und dauerten meist sehr lange. Der Sonnentanz z. B. zog sich über mehrere Tage hin; die Tänzer tanzten Tag und Nacht, bis sie vor Erschöpfung zusammenbrachen. Noch heute tanzen bestimmte Stämme diesen Tanz, allerdings in sehr abgewandelter Form.

Indianische Tänze, die in der heutigen Zeit bei Veranstaltungen gezeigt werden, darf man nicht mit den eben besprochenen alten indianischen Tänzen vergleichen. Sie sollen die Zuschauer unterhalten, und deshalb werden nur die wirkungsvollsten Teile der alten Tänze aufgeführt. Sonst fangen die Zuschauer bald an, sich zu langweilen.

Jeder Tanz sollte höchstens drei bis fünf Minuten dauern. Allerdings darf der Tanz nicht so sehr verkürzt werden, daß die Zuschauer die Bedeutung und den Sinn nicht erkennen. Wiederhole schnelle Teile zwei- oder dreimal, langsame, leicht verständliche Tänze einmal.

Ein Sprecher, der die Tänze vorher oder während der Aufführung erklärt, kann viel zum Gelingen des Tanzfestes beitragen. Eine Lautsprecheranlage darf nicht zu laut und nicht zu oft benutzt werden, sonst verdirbt sie den Eindruck der Darbietung. Schließlich fanden indianische Tänze in der Stille der Natur statt.

84

Einen einfachen Tanz gut
tanzen ist besser als einen
schwierigen fehlerhaft.

Vergnügungstanz

Geschicklichkeits-
tanz

Todestanz

Siegestanz

Der Chippewa-
Schlangentanz

Sobald ihr die Grundschritte 1-2 und 1-2-3 (siehe S. 86-87) beherrscht, versucht diesen Tanz, denn er eignet sich bestens für Anfänger. Ein guter Tänzer führt die Gruppe mit beliebig vielen Tänzern an. Er beginnt mit dem Spitze-Hacke-Schritt und wechselt im Verlauf des Tanzes zu anderen Schritten über. Zuerst beschreiben die Tänzer einen sehr großen Kreis, dann gehen sie in weiten Achterfiguren über die Bühne. Der Tanz wirkt erst dann, wenn sich die Tänzer gleichmäßig verteilen und ihre Schritte bei einem lauten Trommelzeichen sofort ändern. Der Tanz wird abwechselnd langsam und schnell getanzt. Bei den letzten Schritten wenden sich die Tänzer wieder den Zuschauern zu.

Grundschritte indianischer Tänze

Der 1–2- oder Spitze-Hacke-Schritt ist einer der einfachsten und häufigsten indianischen Tanzschritte. Die Schrittstellungen kann man in wenigen Minuten erlernen, aber man muß sehr viel üben, um mit anderen Tänzern im richtigen Rhythmus und im gleichen Schritt zu tanzen.

Am besten reihen sich sechs bis zwölf Anfänger hintereinander auf und üben die Schrittstellungen gleichzeitig im Stand.

Der laute und leise Trommelschlag muß von allen Tänzern deutlich gehört werden, da er den Takt für die Schritte angibt.

Es gibt zwei Schrittstellungen. Die erste wird bei dem lauten Trommelschlag 1 durchgeführt. Bei diesem Schlag stellt man den linken Fuß auf und berührt den Boden leicht mit den Zehen. Die zweite Stellung erfolgt bei dem leisen Trommelschlag 2, indem man die Hacke hart aufsetzt. Diese beiden Positionen nimmt man abwechselnd ein, erst mit dem linken, dann mit dem rechten Fuß. Die Gruppe muß so lange üben, bis sie bei jedem Trommelschlag gleichzeitig anfängt und gleichzeitig aufhört. Wenn jeder den Schritt beherrscht, kann man beginnen, langsam in einem Kreis vorwärtszutanzen. Versucht danach, diesen Schritt auch anders, z. B. rückwärts oder seitwärts zu tanzen.

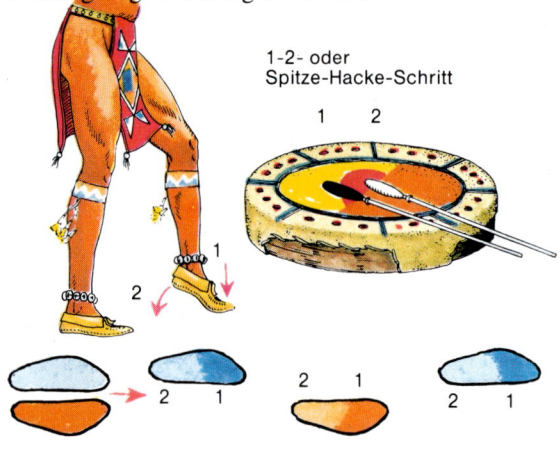

1-2- oder
Spitze-Hacke-Schritt

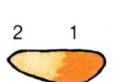 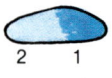 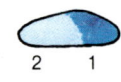

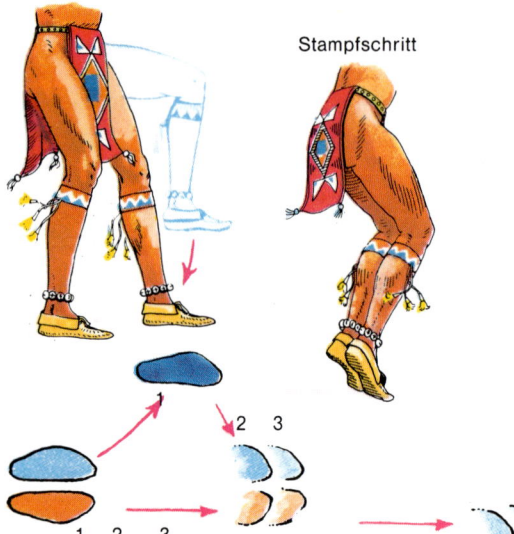

Stampfschritt

Der Stampfschritt ist viel wuchtiger als der Spitze-Hacke-Schritt. Der Tänzer steht ganz aufrecht und stemmt die Hände in die Hüften. Bei diesem Tanz gibt es drei Schrittstellungen, die auf drei Trommelschläge hin erfolgen. Bei Schlag 1 wird das Knie hochgehoben und der Fuß stampfend aufgesetzt. Auf die leichteren Schläge 2-3 hüpft der Tänzer zweimal auf den Zehenspitzen. Die Trommel wird in gleichmäßigem Takt 1-2-3 und nicht 1 - 2-3 geschlagen.

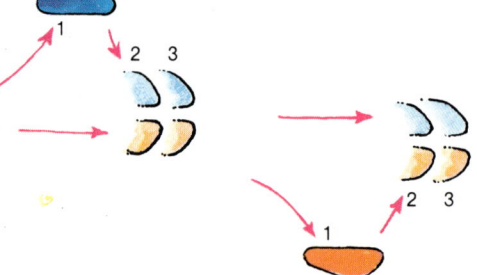

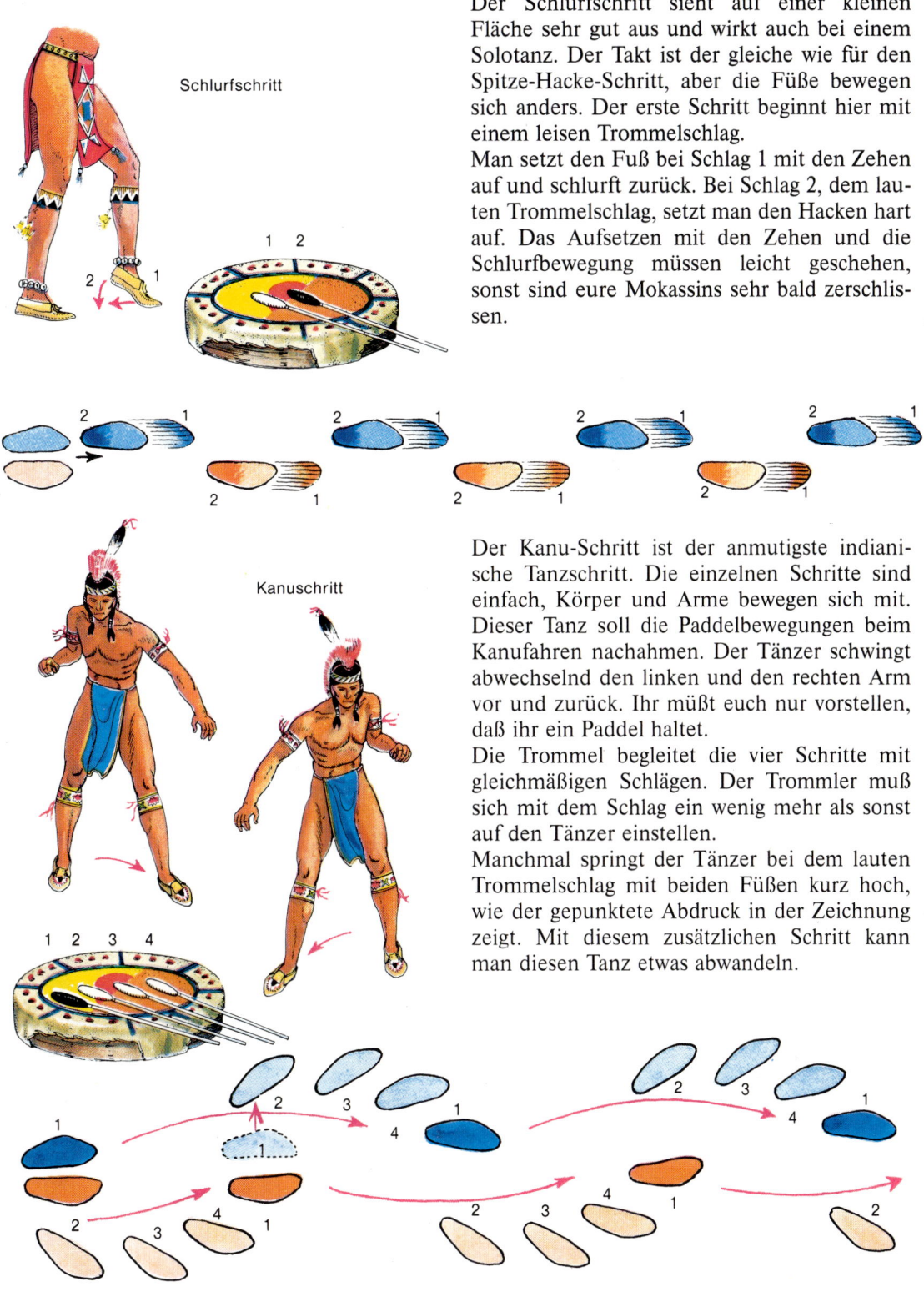

Schlurfschritt

Der Schlurfschritt sieht auf einer kleinen Fläche sehr gut aus und wirkt auch bei einem Solotanz. Der Takt ist der gleiche wie für den Spitze-Hacke-Schritt, aber die Füße bewegen sich anders. Der erste Schritt beginnt hier mit einem leisen Trommelschlag.

Man setzt den Fuß bei Schlag 1 mit den Zehen auf und schlurft zurück. Bei Schlag 2, dem lauten Trommelschlag, setzt man den Hacken hart auf. Das Aufsetzen mit den Zehen und die Schlurfbewegung müssen leicht geschehen, sonst sind eure Mokassins sehr bald zerschlissen.

Kanuschritt

Der Kanu-Schritt ist der anmutigste indianische Tanzschritt. Die einzelnen Schritte sind einfach, Körper und Arme bewegen sich mit. Dieser Tanz soll die Paddelbewegungen beim Kanufahren nachahmen. Der Tänzer schwingt abwechselnd den linken und den rechten Arm vor und zurück. Ihr müßt euch nur vorstellen, daß ihr ein Paddel haltet.

Die Trommel begleitet die vier Schritte mit gleichmäßigen Schlägen. Der Trommler muß sich mit dem Schlag ein wenig mehr als sonst auf den Tänzer einstellen.

Manchmal springt der Tänzer bei dem lauten Trommelschlag mit beiden Füßen kurz hoch, wie der gepunktete Abdruck in der Zeichnung zeigt. Mit diesem zusätzlichen Schritt kann man diesen Tanz etwas abwandeln.

Der Teufelstanz der Apachen

Die hier abgebildeten Kostüme tragen die Medizinmänner, die bei einem ereignisreichen Tanz die guten Geister darstellen. Der Teufel trägt meistens einen Lendenschurz und eine schwarze Haube über dem Kopf.

Der Tanz wird ganz verschieden ausgeführt. Es handelt sich aber immer um den Kampf zwischen dem bösen Geist und den guten Geistern, der in dem Sieg der guten Geister seinen Höhepunkt erreicht.

Der Tanz beginnt damit, daß ein Krieger auf die Tanzfläche kommt und fröhlich herumtanzt. Plötzlich erscheint der Teufel aus der Dunkelheit und nähert sich langsam dem Krieger, umkreist ihn und droht ihm mit den Händen. Der Krieger kann den Teufel nicht sehen, beginnt aber, seinen bösen Einfluß zu spüren. Allmählich wird er unsicher, seine Kräfte lassen nach. Immer enger werden die Kreise des Teufels. Schließlich sinkt der Krieger zu Boden. Daraufhin tanzt der Teufel jubelnd um ihn herum.

Dann kommt ein Medizinmann, sieht den gefallenen Krieger und tanzt mit eigenartigen, stampfenden Schritten auf den Teufel zu. Doch er kann gegen den furchtlosen Teufel nichts ausrichten und zieht sich an den Rand der Bühne zurück.

Medizinmänner tanzen im steifen 1-2-Schritt.

Der glückliche Krieger tanzt fröhlich.

Der Teufel bewegt die Pferdehaarbüschel wie Klauen.

Der Krieger gerät unter den bösen Einfluß des Teufels.

Die Kraft des Medizinmannes ist zu schwach, um den bösen Geist zu vertreiben.

Der Teufel frohlockt über den am Boden liegenden Krieger.

Jetzt erscheinen zwei oder drei Medizinmänner, meistens wie der erste gekleidet oder nur mit Masken und Zauberstab. Nun kämpfen die guten Geister mit dem bösen Geist.

Der Teufel ist anfangs frech und widersetzt sich ihnen. Dann aber besiegen ihn die guten Geister allmählich. Gewöhnlich schleicht sich der Teufel davon. Die Medizinmänner machen den Krieger lebendig und tanzen glücklich mit ihm weg.

Die Medizinmänner tanzen steif mit gebeugten Knien und gespreizten Füßen. Ihre Bewegungen wirken ziemlich verzerrt.

Ich habe diesen Tanz mit einem Krieger, einem Teufel und einem Medizinmann gesehen. Der Teufel war ganz in Schwarz und hielt in jeder Hand ein Büschel Pferdehaar, so daß seine Finger sehr lang und schwarz aussahen. Er umkreiste den Krieger langsam und hielt ihn unter seinem Zauberbann, bis die Medizinmänner ihn vertrieben.

Sehr unheimlich wirkt der Tanz nachts bei gedämpftem Licht oder beim Schein des Lagerfeuers, wo die Tänzer aus der Dunkelheit hervortauchen und wieder darin verschwinden.

Der Krieger wird von den guten Geistern wieder ins Leben gerufen.

Der böse Geist wird besiegt.

Die Medizinmänner kehren mit starkem Zauber zurück.

Indianische Tanzschritte S. 86–87

Holz um einen runden
Gegenstand, z. B.
Faß, biegen.

Holzreifen

Einen langen Stab aus beliebigem Holz spleißen, mit
2 oder 3 Nieten zusammennageln, und die Enden mit
Schnur und Klebstoff oder Isolierband umwickeln. Das
dient als Griff.

Reifen weiß oder gelb
anmalen und mit bunten
Flaumfedern oder Bän-
dern verzieren.

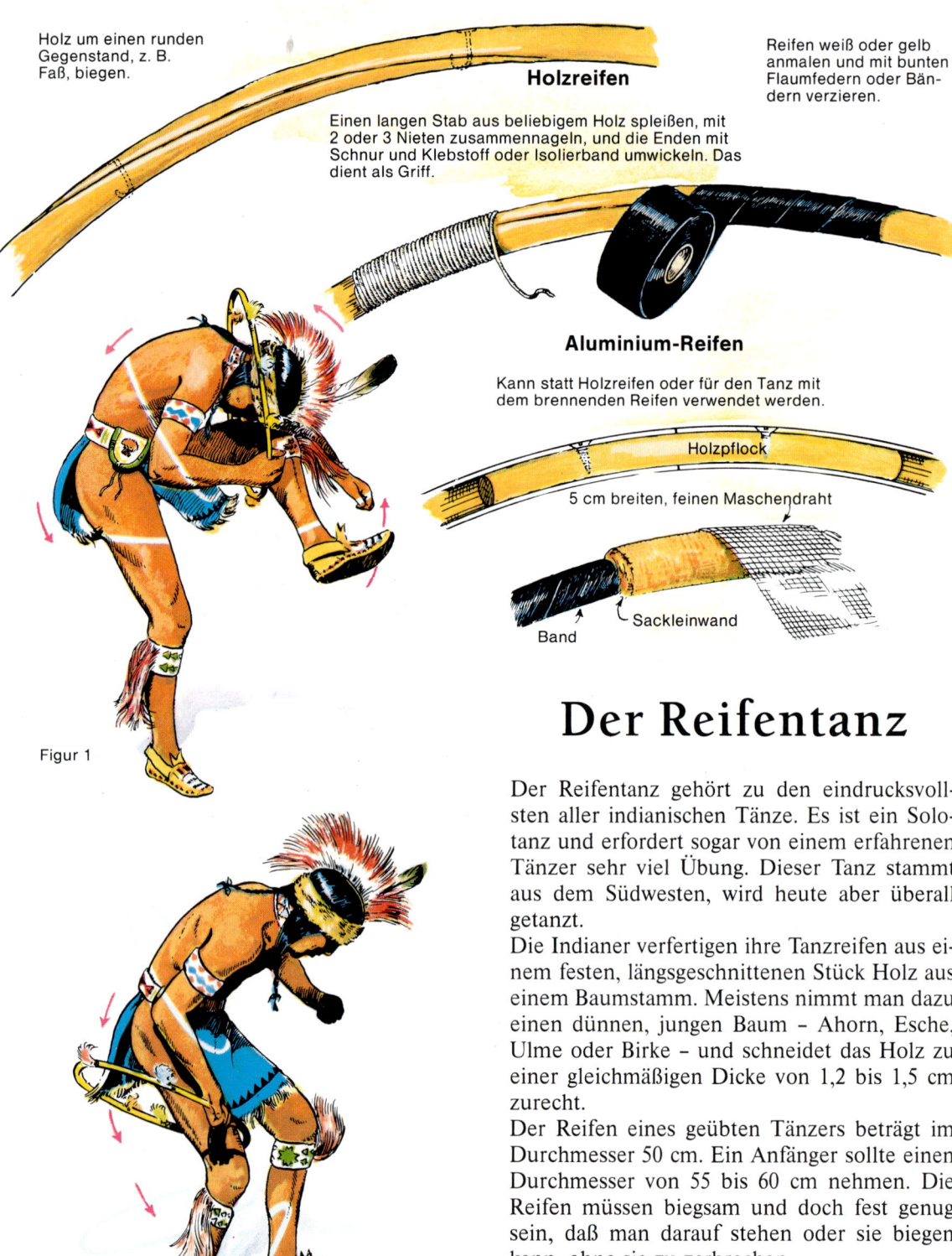

Aluminium-Reifen

Kann statt Holzreifen oder für den Tanz mit
dem brennenden Reifen verwendet werden.

Holzpflock

5 cm breiten, feinen Maschendraht

Band   Sackleinwand

Figur 1

Figur 2

Der Reifentanz

Der Reifentanz gehört zu den eindrucksvoll-
sten aller indianischen Tänze. Es ist ein Solotanz und erfordert sogar von einem erfahrenen
Tänzer sehr viel Übung. Dieser Tanz stammt
aus dem Südwesten, wird heute aber überall
getanzt.

Die Indianer verfertigen ihre Tanzreifen aus einem festen, längsgeschnittenen Stück Holz aus
einem Baumstamm. Meistens nimmt man dazu
einen dünnen, jungen Baum – Ahorn, Esche,
Ulme oder Birke – und schneidet das Holz zu
einer gleichmäßigen Dicke von 1,2 bis 1,5 cm
zurecht.

Der Reifen eines geübten Tänzers beträgt im
Durchmesser 50 cm. Ein Anfänger sollte einen
Durchmesser von 55 bis 60 cm nehmen. Die
Reifen müssen biegsam und doch fest genug
sein, daß man darauf stehen oder sie biegen
kann, ohne sie zu zerbrechen.

Die Figuren 1-4 zeigen, wie man mit dem Reifen umgehen muß. Bei Figur 1 und 2 zieht
man den Reifen über den erhobenen Fuß,

weiter über den Arm, den Kopf und die Schultern, läßt ihn den Körper hinuntergleiten und steigt mit dem anderen Fuß aus dem Reifen aus. Jeder Reifentänzer kennt und beherrscht viele Figuren. Er hält den Reifen abwechselnd in der linken und in der rechten Hand. Jede Bewegung folgt dem 1-2-Takt, gleichgültig wie schwierig sie ist.

Man kann den Reifen auch auf den Boden werfen, mit den Zehen darunterschlüpfen und ihn durch wackelnde Bewegungen bis zu den Hüften hinaufbringen, ohne dabei die Hände zu benutzen (Figur 3).

Der Tänzer kann mit dem Reifen „gehen" (Figur 4). Er kann den Reifen hochwerfen und mit den Oberarmen auffangen. Welchen Trick er auch ausführt, er muß schnell geschehen, damit die Zuschauer aus dem Staunen nicht herauskommen.

Ein guter Reifentänzer läßt eine Bewegung auf die andere in rasender Schnelligkeit folgen. Manche Tänzer springen zum Abschluß blitzschnell ein paarmal nach vorne und nach hinten durch den Reifen.

Den Reifentanz muß man sehr lange üben, gleichgültig wie man ihn tanzt. Je geschmeidiger die Bewegungen, desto schöner sieht er aus. Lieber tanzt man gut mit einem oder zwei Reifen als ungeschickt mit vielen.

Für den Tanz mit dem brennenden Reifen benötigt man eine etwa 1,2 cm dicke Aluminiumröhre, deren Enden mit einem Holzpflock verbunden werden. Der Durchmesser dieses Reifens sollte mindestens 60 cm betragen. Durch das Aluminium bohrt man zwei flachköpfige Schrauben in den Holzpflock. Den Teil des Reifens, der brennen soll, umwickelt man mit Sacktuch und dann mit Maschendraht. Etwa 60 cm des anderen Teils umwickelt man mit Isolierband.

Der Tanz durch den brennenden Reifen ist nachts besonders eindrucksvoll. Der Tänzer muß sein Haar naß machen, damit es nicht Feuer fängt. Ihr solltet euch aber daran auf keinen Fall versuchen! Es ist viel zu gefährlich!

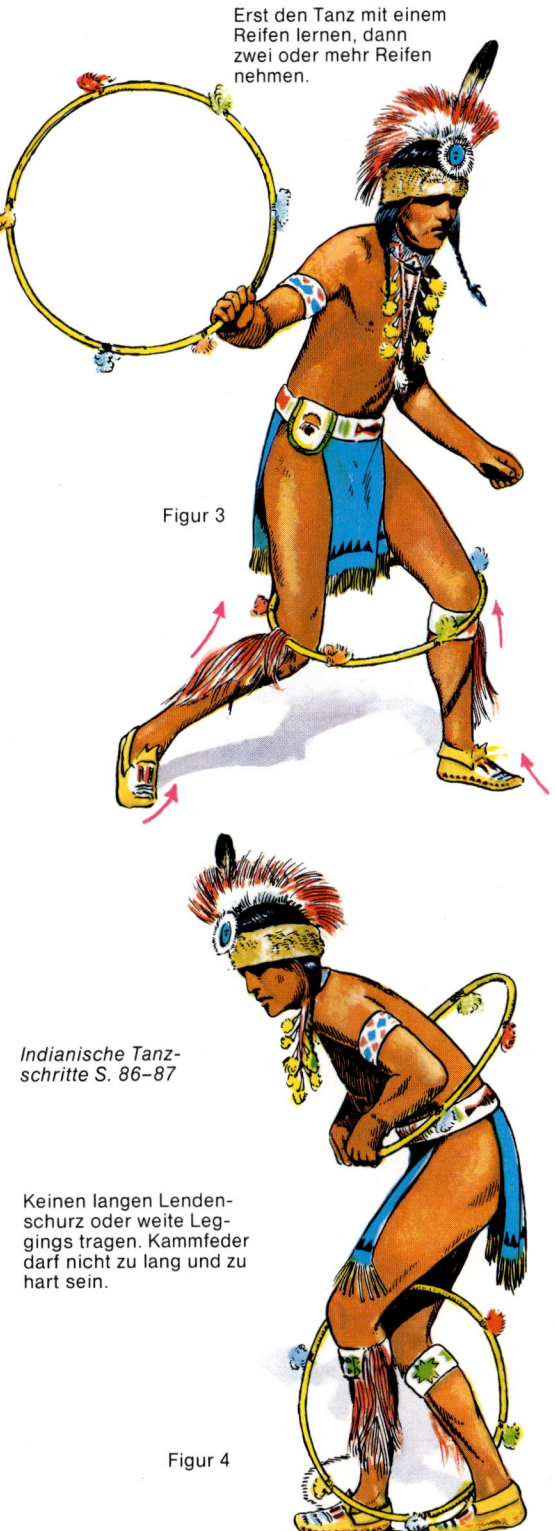

Erst den Tanz mit einem Reifen lernen, dann zwei oder mehr Reifen nehmen.

Figur 3

Indianische Tanzschritte S. 86–87

Keinen langen Lendenschurz oder weite Leggings tragen. Kammfeder darf nicht zu lang und zu hart sein.

Figur 4

Der Büffeltanz

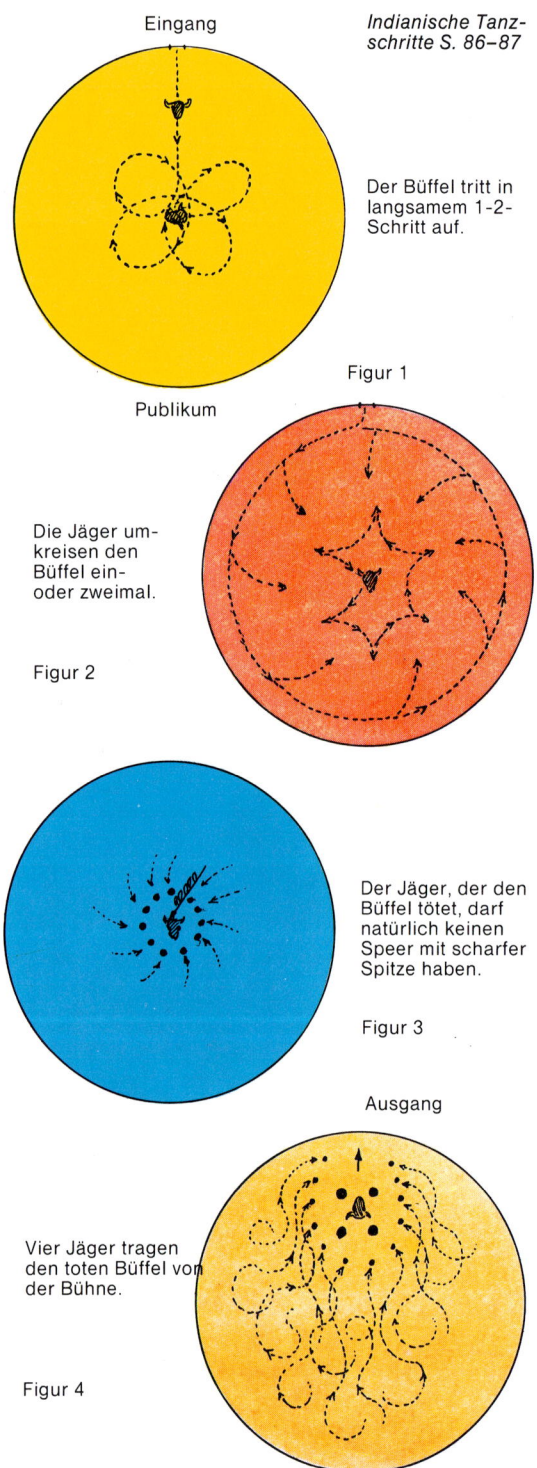

Eingang

*Indianische Tanz-
schritte S. 86–87*

Der Büffel tritt in
langsamem 1-2-
Schritt auf.

Figur 1

Publikum

Die Jäger um-
kreisen den
Büffel ein-
oder zweimal.

Figur 2

Der Jäger, der den
Büffel tötet, darf
natürlich keinen
Speer mit scharfer
Spitze haben.

Figur 3

Ausgang

Vier Jäger tragen
den toten Büffel von
der Bühne.

Figur 4

Der Büffel tritt in einem ziemlich langsamen 1-2-Schritt auf, wandert in der Mitte der Tanzfläche umher, zwischendurch grast er und wendet den Kopf nach rechts und links (Figur 1). Dann kommen die Jäger mit Speeren und Schildern und tanzen im Uhrzeigersinn einen schnelleren 1-2-Schritt. Dabei sind ihre Schilde, die sie mit dem linken Arm halten, zum Publikum gerichtet.

Auf ein Zeichen entdecken die Tänzer den Büffel. Sie bleiben kurz stehen und bewegen sich in einem etwas schnelleren 1-2-Schritt auf ihn zu. Der Büffel bemerkt sie und gerät in Wut. Er schüttelt den Kopf, stampft wütend auf, schwankt von einer Seite zur anderen und greift die Jäger mit kurzen, ruckartigen Bewegungen an, alles im 1-2-Schritt. Die Jäger schleudern ihre Speere auf ihn und tanzen ihm aus dem Weg. Schließlich trifft der mutigste Jäger den Büffel in die Seite.

Der Speer wird dem Büffel von hinten zwischen Arm und Körper geworfen und dort vom Büffel festgehalten. Dann taumelt er hin und her und fällt mit dem Gesicht nach unten zu Boden. Der Speer ragt hoch in die Luft.

Die Jäger tanzen zurück und beobachten den sterbenden Büffel, immer im 1-2-Takt. Dann bewegen sich die Jäger in einem langsameren 1-2-Schritt auf den Büffel zu, bis sie allmählich einen engen Kreis um ihn bilden. Auf ein Zeichen knien sie auf einem Bein nieder, halten die Speere hoch und setzen sie mit einem dumpfen Schlag gleichzeitig auf. Dann schlägt die Trommel sehr leise. Dann beugen die Jäger in einem stillen Gebet die Köpfe, danken dem großen Wakonda (Großer Geist) für ihr Glück und bitten den Büffel um Verzeihung (Figur 3). Diese stille Szene ist sehr wirkungsvoll und sollte nur ein paar Sekunden dauern.

Auf ein Zeichen springen alle Jäger hoch und tanzen wild umher, während der tote Büffel von der Bühne getragen wird (Figur 4). Wenn die Bühne beleuchtet war, sollten die Lichter jetzt ausgehen.

Der Pferdeschwanz-Tanz

Die Tänzer kommen, nach Farben geordnet, in Gruppen auf die Bühne: die Füchse in Rot, die Rappen in Schwarz, die Schimmel in Weiß, die Falben in Fahlgelb. Sie gehen im ruhigen 1-2-Schritt hintereinander im Kreis (Figur 1), bis die roten Tänzer auf der östlichen Seite der Tanzfläche stehen und die anderen Farben sich auf die drei anderen Seiten verteilt haben. Da tanzen sie kurz weiter, bis jeder seinen Platz eingenommen hat. Dann tanzen die Falben und Schimmel in die Mitte und kehren mit einer schwungvollen Drehung wieder an ihren Platz zurück (Figur 1). Während sie sich in der Mitte umdrehen, bewegen sich die Rappen und Füchse auf die Mitte zu. Während diese die Kehrtwendung machen, kommen wieder die Falben und Schimmel nach vorne, usw. Jede Gruppe sollte zweimal zur Mitte und zurück tanzen.

Die nächsten Bewegungen zeigt Figur 2. Alle Gruppen tanzen gleichzeitig im gleichen Stampfschritt (1-2-3-4-Takt) zur Mitte. Sobald das Kreuz gebildet ist, bewegen sich die Tänzer sofort im Uhrzeigersinn weiter. Hierbei müssen die äußeren Tänzer größere Stampfschritte machen, um die Reihen geradezuhalten. Der Rhythmus bleibt 1-2-3-4.

Nach ein, zwei Kreisen wechselt der Trommler zum 1-2-Takt über, jetzt tanzt jeder, wie er will, springt und stampft wie ein Fohlen. Der Tanz dauert nicht länger als fünf Minuten.

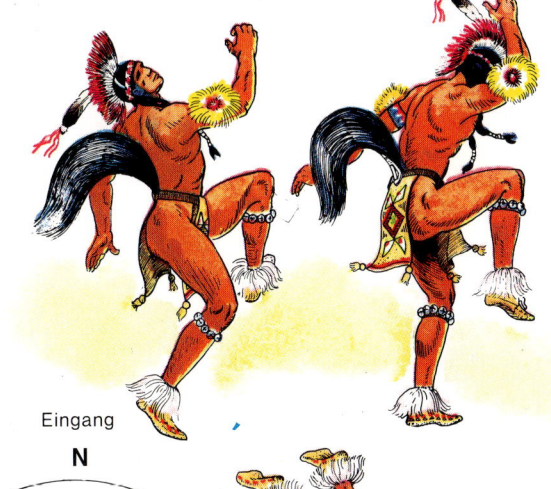

Dies ist ein Vergnügungstanz, bei dem umhertollende Pferde auf der Weide nachgeahmt werden.

Die Mähne und der Schwanz flattern wie bei einem richtigen Pferd.

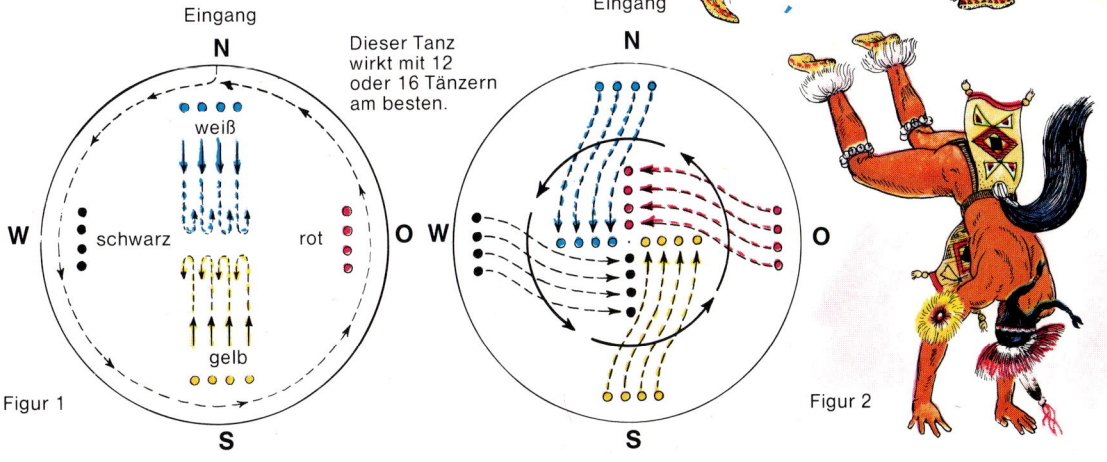

Dieser Tanz wirkt mit 12 oder 16 Tänzern am besten.

Figur 1

Eingang
N

weiß
schwarz
rot
gelb

W   O

S

Publikum

Figur 2

Eingang
N

W   O

S

Publikum

Der Adlertanz

Figur 1

Auftritt mit großen Sprüngen

Indianische Tanz-schritte S. 86–87.

Dies ist ein Solotanz.

Figur 2

Kreisende Schritte

Figur 3

Zum Schluß auf Zehenspitzen stehen.

Eintritt

Ende

Publikum

Figur 4

Sterbender Adler

Wie bei jedem Tanz spielt auch hier der Trommler eine wichtige Rolle. Er muß jeden Schritt des Tänzers beobachten. Wenn Trommler und Tänzer nicht völlig aufeinander eingespielt sind, mißlingt der Tanz.

Der Adler tritt langsam auf die Bühne. Mit langen Sprüngen im 1-2-Takt vollführt er einen Kreis und hebt und senkt dabei die Flügel. Ein großer Kreis genügt in der Regel. Dann bewegt sich der Adler in ein oder zwei Achterfiguren über die Bühne und legt sich in den Kurven elegant zur Seite. Ab und zu stößt er einen Schrei aus: „Kui-ii-i". Dann nähert sich der Adler mit dem Gesicht zum Publikum langsam der Mitte. Er bleibt stehen und hebt zitternd die Flügel, bis sich die Spitzen berühren. Jetzt steht der Tänzer auf den Zehenspitzen. Da diese Stellung schwierig zu halten ist, muß der

Trommler genau aufpassen. Denn in demselben Augenblick, wo der Adler sich zu seiner vollen Größe ausstreckt, „schießt" der Trommler, indem er einmal laut auf die Trommel schlägt.

Der Adler schreit „Kui-ii" und flattert dann wild im Kreis herum. Gleichzeitig sinkt er immer tiefer, schlägt nur mit einem Flügel, da der andere verletzt ist. Mit einem erhobenen Flügel fällt der Adler zu Boden und schlägt mit dem heilen Flügel ständig gegen seinen Körper. Allmählich wird das Schlagen schwächer, und dann liegt auch dieser Flügel kraftlos am Boden. Die Trommel schlägt immer leiser und verstummt beim Tod des Vogels.

Ist die Bühne beleuchtet, wirkt es besonders gut, wenn auch die Lichter allmählich verlöschen und beim Tod des Vogels ausgehen.

Indianische Trommeln

Richtiges Trommeln spielt bei indianischen Tänzen eine wichtige Rolle. Der Trommler bestimmt den Rhythmus. Er ist Dirigent und Orchester in einem. Trommler und Tänzer müssen sich aufeinander abstimmen. Deswegen hält ein guter Trommler seine Augen ständig auf die Füße der Tänzer gerichtet und schlägt einen gleichmäßigen Rhythmus.

Wenn es zwei oder mehr Trommler sind, so müssen sie unbedingt darauf achten, im Takt zu schlagen. Das erreicht man am besten dadurch, daß einer der Trommler den Takt angibt und die anderen sich danach richten. Nichts stört Publikum und Tänzer mehr, als wenn die Trommler nicht im Gleichklang schlagen. Bei vielen Tänzen muß der Trommler ein Zeichen geben, wenn Takt und Schritte sich ändern.

Ich habe sehr oft Tanzfeste der Chippewa besucht und die Trommler ganz genau beobachtet. Vier alte Männer sitzen um eine große Tanztrommel. Sie schlagen alle im gleichen Takt. Sie fangen mit dem gleichen Schlag an und hören mit dem gleichen Schlag auf.

Der Trommler sollte die Geschwindigkeit auf die langsameren Tänzer einstellen und nicht auf die schnellen. Einem schnelleren Tänzer fällt es nicht schwer, langsamer zu tanzen, aber umgekehrt ist es schwieriger. Bei einem schnellen Tanz sollte der Leiter des Tanzfestes die langsamen Tänzer herausnehmen. Sie können an der Seite stehen und dort im Stand zum Takt der Trommeln tanzen, während die schnelleren Tänzer den Tanz in der Mitte der Tanzfläche aufführen. So sind die langsameren Tänzer nicht ganz ausgeschaltet, aber die Darbietung des Tanzes wird auch nicht beeinträchtigt. Bei langsameren Tänzen kommen sie dann wieder zum Einsatz.

Trommler aus dem Südwesten

Chippewa-Trommler

Schwarzfuß-Trommler

95

Trommeln und Tamtams

Musik spielt eine wichtige Rolle im Leben des Indianers. Von seiner Geburt bis zu seinem Tod wird sein Leben von Tänzen bestimmt, und die Trommel schlägt den Takt dazu.

Es gibt drei Hauptarten von Trommeln – die kleine, meist einfellige Handtrommel, gewöhnlich Tamtam genannt; die größere zweifellige Trommel aus einem ausgehöhlten Baumstamm oder einem Faß, und die einfellige Wassertrommel (nicht abgebildet).

Die Felle bestehen aus der Rohhaut von Kalb oder Hirsch. Die Trommeln sind gewöhnlich mit Zeichen und Bildern bemalt, die religiöse oder schützende Bedeutung haben. Indianer spielen die Trommel nie mit der Hand, sondern immer mit einem Schlegel.

Einfelliges Tamtam

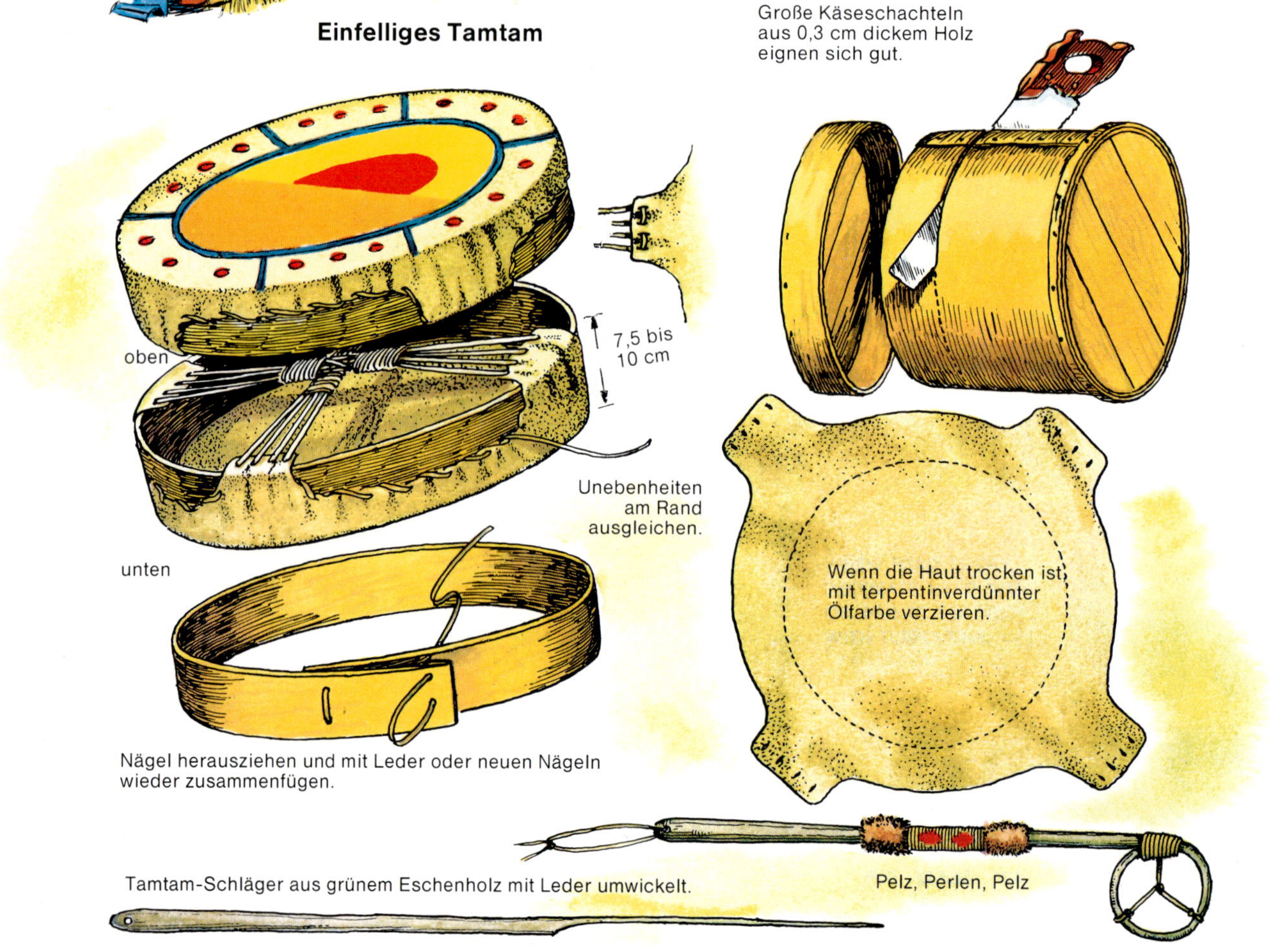

Große Käseschachteln aus 0,3 cm dickem Holz eignen sich gut.

oben

7,5 bis 10 cm

Unebenheiten am Rand ausgleichen.

unten

Wenn die Haut trocken ist, mit terpentinverdünnter Ölfarbe verzieren.

Nägel herausziehen und mit Leder oder neuen Nägeln wieder zusammenfügen.

Tamtam-Schläger aus grünem Eschenholz mit Leder umwickelt.

Pelz, Perlen, Pelz

96

Trommel aus ausgehöhltem Baumstamm

Stück eines hohlen Baumstammes. Außenseite muß einwandfrei sein.

Holz bis auf 2 cm aushöhlen. Trommeln werden mit Kalbshaut bespannt, die vor dem Aufspannen eingeweicht wird. Nach dem Aufspannen langsam und gründlich trocknen lassen.

abgerundete Kanten

Handgriffe müssen vor dem Zusammenschnüren der Häute angebracht werden.

Meißel

Boden ausschlagen. Klammern oder Nägel entfernen. Ringe enger zusammenfügen. Außenkanten müssen gleichmäßig rund sein.

Trommel aus Faß

andere Schnürmethode

An der Rille absägen.

Ränder der Haut gleich nach dem Zusammenschnüren zuschneiden, bevor die Haut trocknet.

So werden die Lederschnüre zugeschnitten.

Außenseite des Fasses abschmirgeln und mattrot anmalen. Dann erst Haut aufspannen. Nach dem Trocknen Haut bemalen.

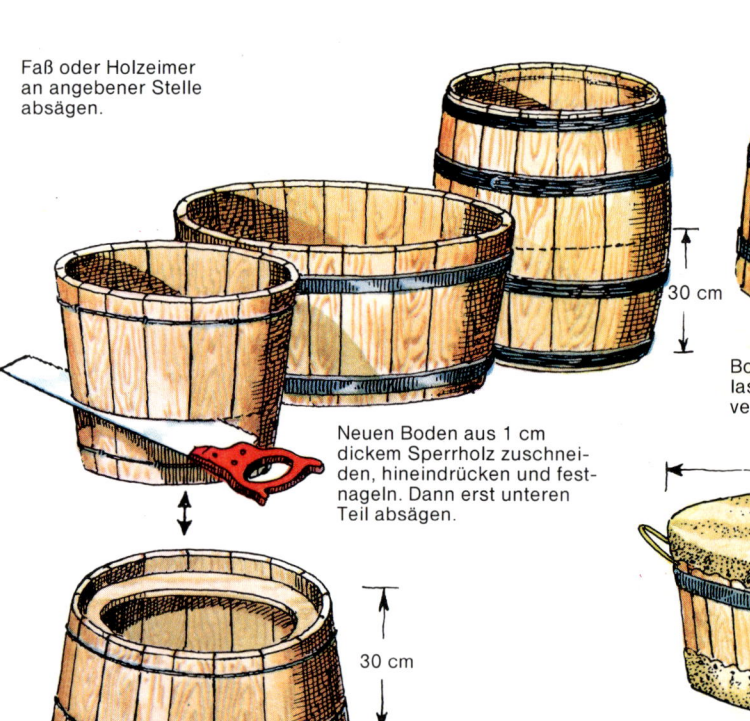

Faß oder Holzeimer an angebener Stelle absägen.

Neuen Boden aus 1 cm dickem Sperrholz zuschneiden, hineindrücken und festnageln. Dann erst unteren Teil absägen.

30 cm

35 bis 45 cm

Haut vor dem Einweichen zuschneiden. Oben und unten mit Nägeln befestigen.

Boden aussägen, Rand von 7,5 cm stehenlassen. Ganz herumnageln, um Klappern zu verhindern.

30 cm

50 cm

Pfeil zeigt von Osten nach Westen

Perlenanhänger

andere Verkleidung

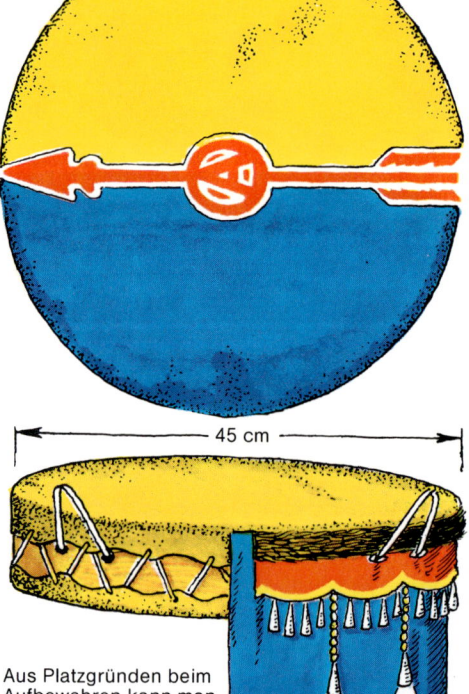

45 cm

Aus Platzgründen beim Aufbewahren kann man auch eine soche Trommel herstellen. Lange Verkleidung verbirgt flache Trommel.

Die Chippewa-Tanztrommel

Das Chippewa-Traumtanzfest findet immer Anfang Juli im Freien statt. Mittelpunkt des Festes ist eine kunstvoll verzierte Trommel, die sogenannte Traumtrommel. Sie gilt als sehr heilig und soll starke Geister besitzen.

Die Trommel wird an vier Streben angehängt, die an der Spitze mit Adlerfedern geschmückt werden (Herrichten der Federn S. 18-19).

Durch die Mitte des Fells führt ein mehrere Zentimeter breiter Streifen. Bei einem Fest wird die Trommel so aufgestellt, daß der Streifen von Osten nach Westen verläuft. Diese Linie stellt die Bahn der Sonne über den Himmel dar.

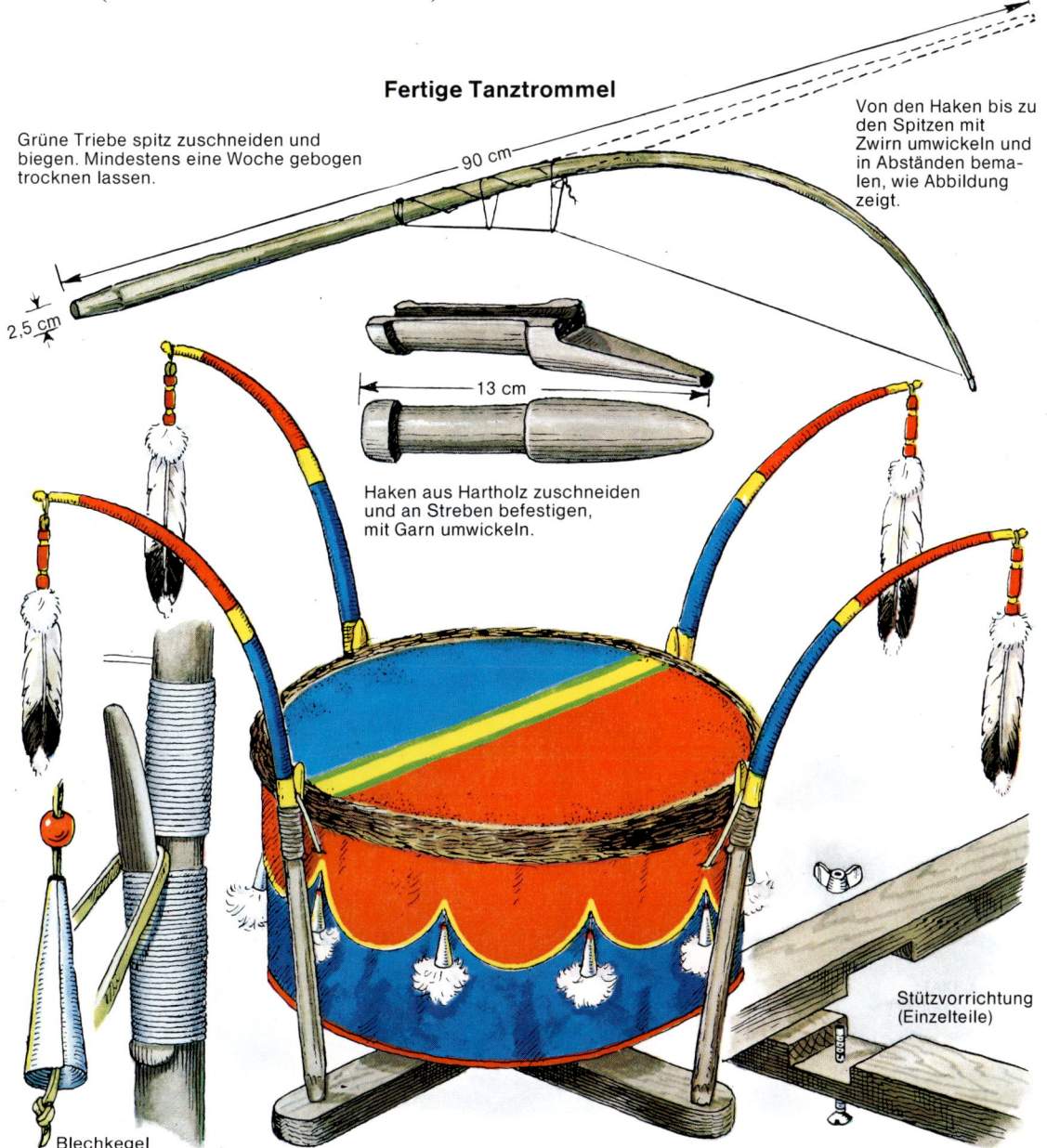

Fertige Tanztrommel

Grüne Triebe spitz zuschneiden und biegen. Mindestens eine Woche gebogen trocknen lassen.

90 cm

2,5 cm

Von den Haken bis zu den Spitzen mit Zwirn umwickeln und in Abständen bemalen, wie Abbildung zeigt.

13 cm

Haken aus Hartholz zuschneiden und an Streben befestigen, mit Garn umwickeln.

Stützvorrichtung (Einzelteile)

Blechkegel

Das Kostüm
der Waldland-Indianerin

Die Frauen der Waldland-Stämme trugen Kleider aus weichem Hirschleder. Später verwendeten sie Armeedecken dafür.

Die auf diesen Seiten abgebildeten Kleider sind zweiteilig, obwohl die Waldland-Indianerinnen manchmal auch einteilige Kleider herstellten, ähnlich denen der Prärie-Indianerinnen.

Die Leggings der Indianerinnen reichten nur bis zum Knie und wurden mit Lederschnüren oder Strumpfbändern befestigt.

Die Waldland-Indianerinnen flochten ihr Haar zu Zöpfen und hielten sie unten mit einem Band zusammen. Später benutzten sie perlenbestickte Bänder.

Weder die Waldland- noch die Prärie-Indianerinnen bemalten sich mit Kriegsfarbe. Sie trugen gelegentlich ein wenig Rouge auf Wangen und Kinn auf.

Mädchen und Frauen hatten die gleichen Mokassins wie die Männer. Sie waren mit Perlenstickerei oder Quill-Arbeit verziert, die alte Stammeszeichen oder -muster darstellten.

Im Winter schützten sich die Indianerinnen mit einer Decke gegen die Kälte.

Leggings

Frauenleggings verschönern ein Kostüm und schützen die Knöchel vor Insektenstichen. Mit Borten und Perlenstickerei verzieren. Leggings unter dem Knie befestigen.

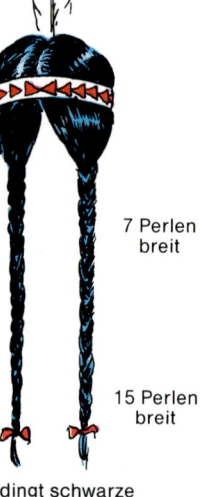

7 Perlen breit

15 Perlen breit

Unbedingt schwarze Perücke tragen, wenn das eigene Haar nicht schwarz ist. Perlenbesticktes Stirnband mit 1 oder 2 Federn.

Schmuck

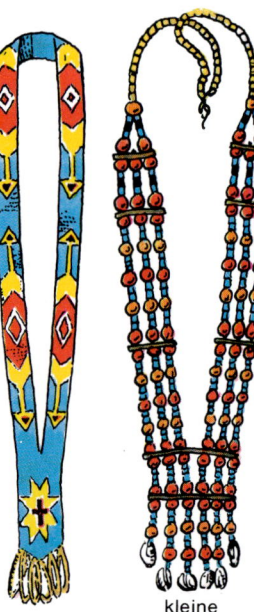

Perlen gewebt

kleine Muschelschalen

schmale Lederbänder, mit Leder abgeteilt; runde und röhrenförmige Perlen

100

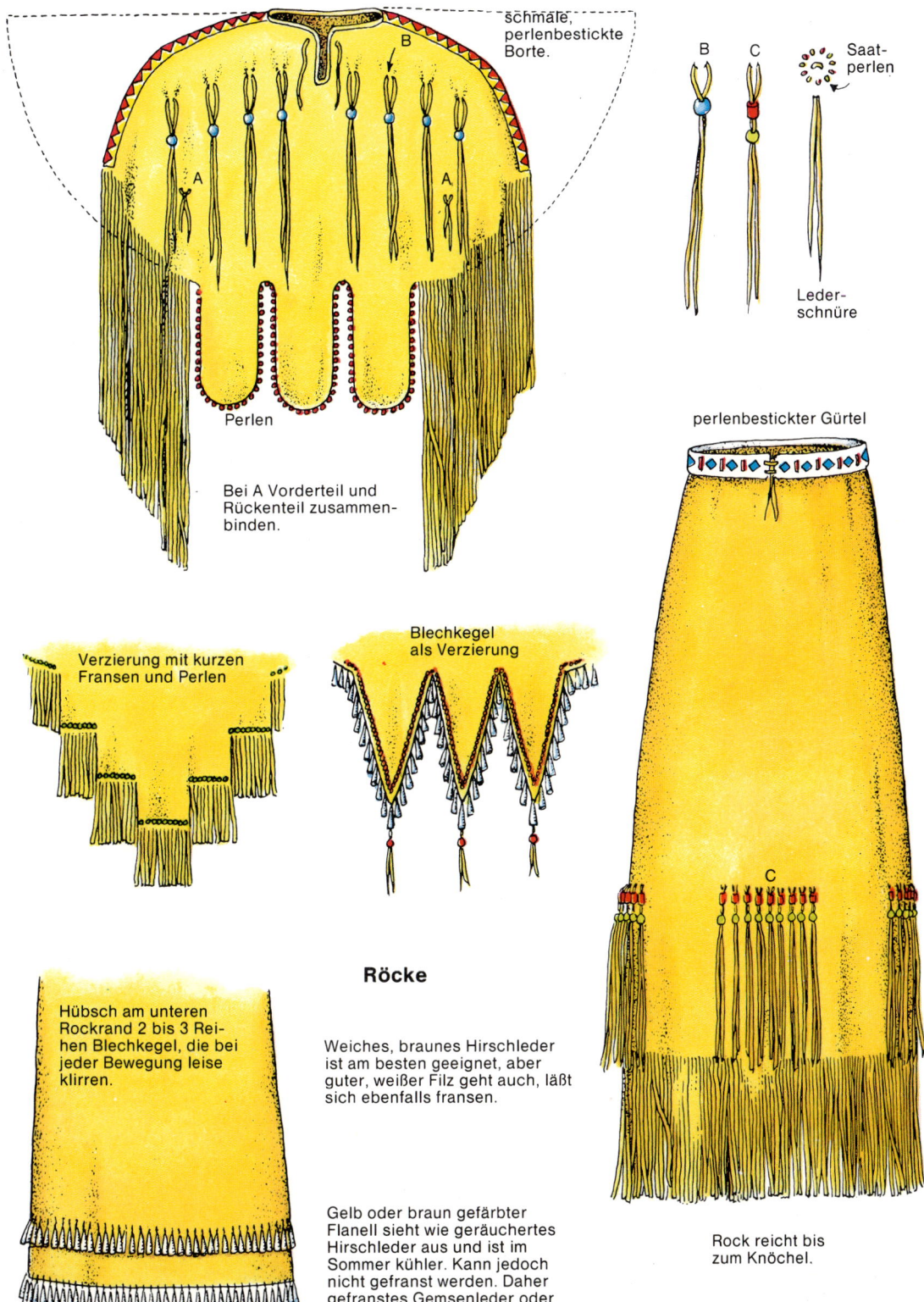

schmale, perlenbestickte Borte.

B

C

Saatperlen

Lederschnüre

Perlen

Bei A Vorderteil und Rückenteil zusammenbinden.

perlenbestickter Gürtel

Verzierung mit kurzen Fransen und Perlen

Blechkegel als Verzierung

C

Röcke

Hübsch am unteren Rockrand 2 bis 3 Reihen Blechkegel, die bei jeder Bewegung leise klirren.

Weiches, braunes Hirschleder ist am besten geeignet, aber guter, weißer Filz geht auch, läßt sich ebenfalls fransen.

Gelb oder braun gefärbter Flanell sieht wie geräuchertes Hirschleder aus und ist im Sommer kühler. Kann jedoch nicht gefranst werden. Daher gefranstes Gemsenleder oder Blechkegel annähen.

Rock reicht bis zum Knöchel.

Das Kleid der Prärie-Indianerinnen

Cheyenne-Kleid

Die Kleider auf diesen beiden Seiten sind Festkleider.

Roter Flanell mit schwarzweißer Borte und Kaurimuschel

schwarzer Ledergürtel mit Metallscheiben

Brustschmuck aus Haarpfeifen

röhrenförmige Perlen

Lederstreifen

Leggings aus Leder oder gefärbtem Stoff mit Stickerei über dem Knöchel

Die Frauen der Prärie-Stämme machten ihre Kleider aus weichem, braungefärbtem Elchleder meistens einfache, ärmellose Kleider, die aus zwei Rohhäuten hergestellt wurden. Der Schnitt der Kleider folgte der natürlichen Form der Häute. Diese Kleider hingen gewöhnlich lose von den Schultern herunter. Manchmal wurde auch ein Gürtel um die Taille geschlungen.

Mit Kauri- und anderen Muscheln, die sie auf dem Tauschwege erwarben, schmückten sich die Krähen, Schwarzfußindinaner und Sioux. Auch Elch- und Büffelzähne, Lederschnüre, Perlenstickerei, Quill-Arbeit und Blechkegel wurden als Schmuck verwendet.

Ursprünglich trugen die Indianerinnen ihr Haar offen oder in Zöpfen. Erst in späteren Jahren steckten sie sich eine Feder ins Haar.

102

Schwarzfuß-Kleid

dunkles Material mit auf-
genähten Borten oder
Perlenstickerei und
Lederfransen am Saum

gefärbter Flanell mit auf-
genähten Lederfransen

Leggings

Sioux-Kleid

Das Indianische Tipi

Die typische Behausung der Prärie-Stämme war das Tipi. Das Wort stammt aus der Sioux-Sprache: *ti* (Haus), *pi* (benutzt als).

Es gibt wohl kein praktischeres Zelt als das Tipi, das oft kopiert worden ist. Ursprünglich verwendeten die Indianer Büffelhäute für ihre Tipis. Aber nach der Ausrottung des Büffels durch die Weißen nahmen sie Kuhhäute oder Segeltuch.

Jedes Frühjahr wurde das Tipi mit neuen Büffelhäuten bedeckt. Die Größe des Tipis hing davon ab, wie viele Pferde der Stamm besaß. Denn um ein Tipi zu transportieren, brauchte man Pferde. Die Stangen bestanden aus Kiefern-, Zedern- oder Fichtenholz. Sie waren meistens etwa 8 m lang, unten 10 cm und nach oben hin 2 cm im Durchmesser.

Bei warmem Wetter schlugen die Indianer den unteren Teil des Tipis hoch, damit der Wind durchblasen konnte. Im Winter schoben sie zum Schutz gegen Kälte Pelze unter die Lederplanen und dichteten diese unten mit Erde gegen Zugluft ab.

Auf der Prärie weht der Wind meistens von Westen. Deshalb wurden die Tipis so aufgestellt, daß die Rauchlöcher nach Osten zeigten. Mit den Rauchlochklappen konnten sie den Zug kontrollieren und verhindern, daß der Wind in das Rauchloch blies. Bei Sturm legten sie die Klappen übereinander, so daß das Rauchloch ganz geschlossen war.

Die Schwarzfuß-Indianer bespannten ihre 5 bis 6 m großen Tipis manchmal mit ungebleichtem Musselin. Aus diesem Stoff oder aus Drillich kann man ein brauchbares Tipi herstellen, denn diese Stoffe lassen sich auf jeder Nähmaschine leicht zusammennähen. Außerdem wird das Tipi, vor allem mit Musselin, luftiger als mit Segeltuch. Für das Tipi auf den Seiten 106 bis 107 wurde 76 cm breiter Drillich benutzt. Man näht zuerst den 2,85 m langen Teil an das 8,80 m lange Stück. Dann breitet man den Stoff so aus, wie die Zeichnung zeigt, und macht erst diese Teile fertig, bevor man die weiteren Stücke annäht.

Pflöcke aus Birkenholz, 1 cm dick und 30 cm lang. Enden zuspitzen.

dreifache Verschnürung

Aufgestelltes Tipi. Beachte, wie die Rauchklappen am Boden befestigt sind. Stangen für Rauchklappen stehen hinten über Kreuz. Klappen werden je nach Windrichtung eingestellt.

Aufstellen des Tipis

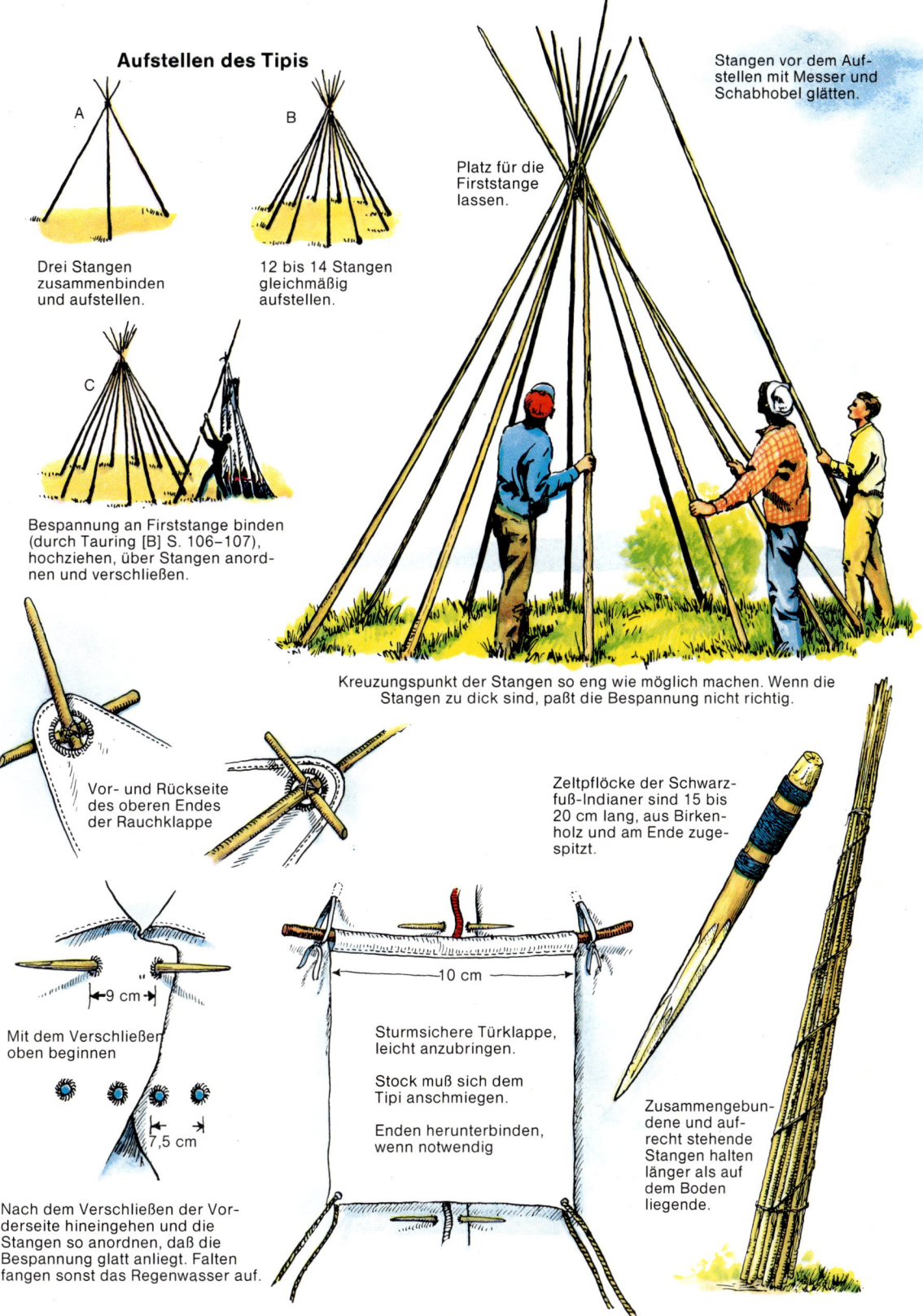

A

Drei Stangen zusammenbinden und aufstellen.

B

12 bis 14 Stangen gleichmäßig aufstellen.

C

Bespannung an Firststange binden (durch Tauring [B] S. 106–107), hochziehen, über Stangen anordnen und verschließen.

Stangen vor dem Aufstellen mit Messer und Schabhobel glätten.

Platz für die Firststange lassen.

Kreuzungspunkt der Stangen so eng wie möglich machen. Wenn die Stangen zu dick sind, paßt die Bespannung nicht richtig.

Vor- und Rückseite des oberen Endes der Rauchklappe

Zeltpflöcke der Schwarzfuß-Indianer sind 15 bis 20 cm lang, aus Birkenholz und am Ende zugespitzt.

9 cm

Mit dem Verschließen oben beginnen

7,5 cm

Nach dem Verschließen der Vorderseite hineingehen und die Stangen so anordnen, daß die Bespannung glatt anliegt. Falten fangen sonst das Regenwasser auf.

10 cm

Sturmsichere Türklappe, leicht anzubringen.

Stock muß sich dem Tipi anschmiegen.

Enden herunterbinden, wenn notwendig

Zusammengebundene und aufrecht stehende Stangen halten länger als auf dem Boden liegende.

Schnitt für Tipi von 4,30 m

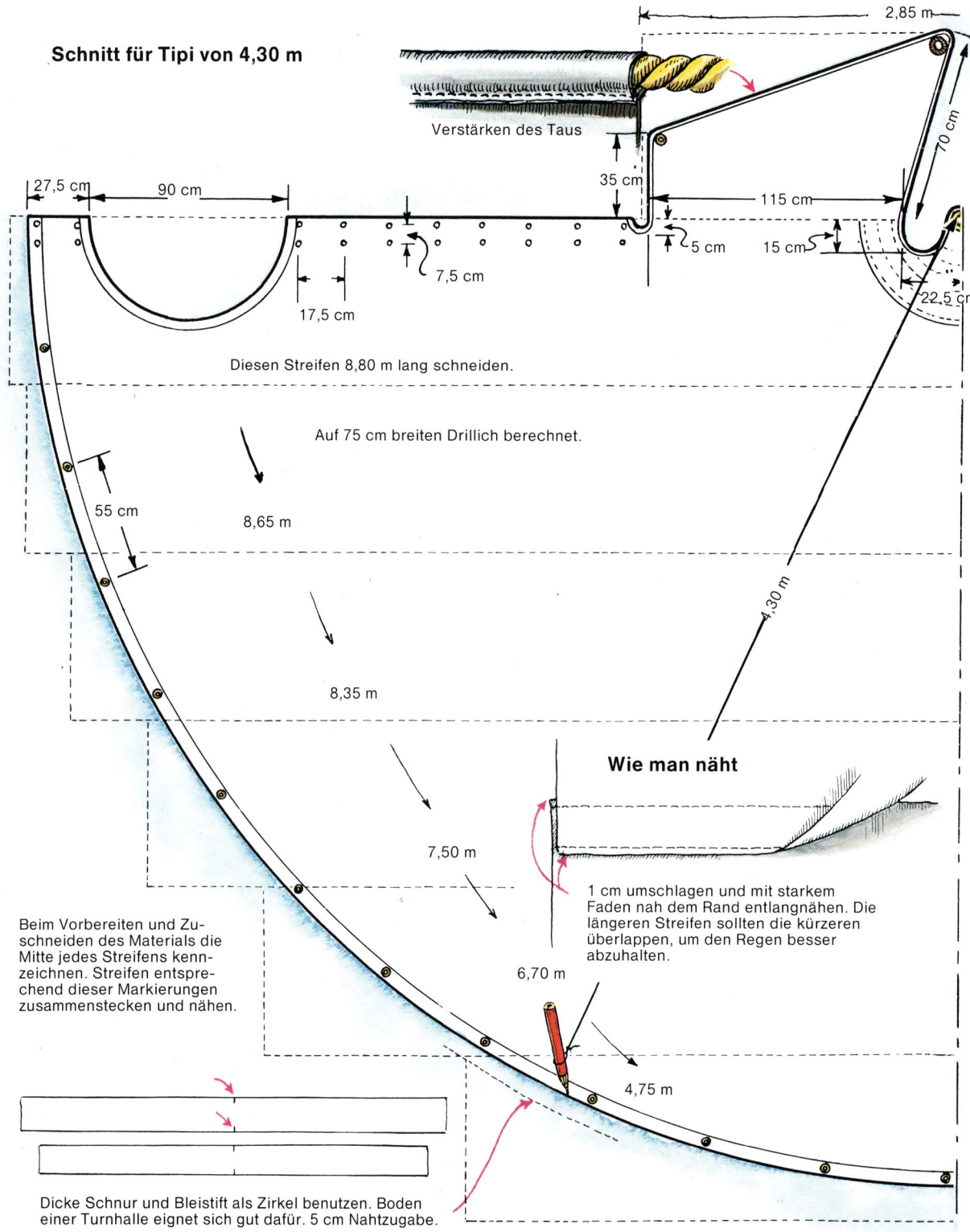

Verstärken des Taus

2,85 m

70 cm

27,5 cm   90 cm

35 cm

115 cm

5 cm   15 cm

7,5 cm

17,5 cm

22,5 cm

Diesen Streifen 8,80 m lang schneiden.

Auf 75 cm breiten Drillich berechnet.

55 cm

8,65 m

4,30 m

8,35 m

Wie man näht

7,50 m

1 cm umschlagen und mit starkem
Faden nah dem Rand entlangnähen. Die
längeren Streifen sollten die kürzeren
überlappen, um den Regen besser
abzuhalten.

Beim Vorbereiten und Zu-
schneiden des Materials die
Mitte jedes Streifens kenn-
zeichnen. Streifen entsprechend dieser Markierungen
zusammenstecken und nähen.

6,70 m

4,75 m

Dicke Schnur und Bleistift als Zirkel benutzen. Boden
einer Turnhalle eignet sich gut dafür. 5 cm Nahtzugabe.

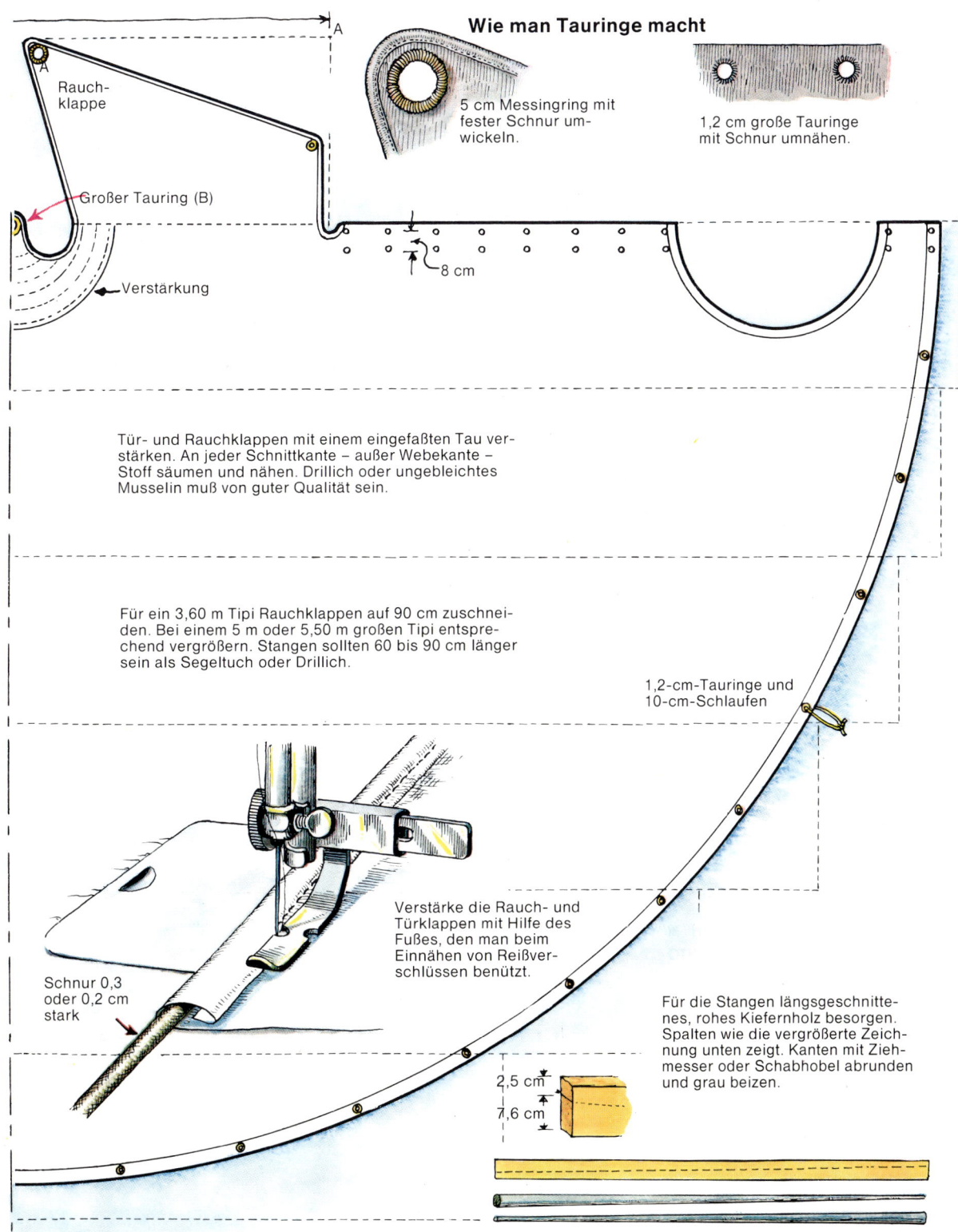

Wie man Tauringe macht

5 cm Messingring mit fester Schnur umwickeln.

1,2 cm große Tauringe mit Schnur umnähen.

Rauch-klappe

Großer Tauring (B)

Verstärkung

A

A

8 cm

Tür- und Rauchklappen mit einem eingefaßten Tau verstärken. An jeder Schnittkante – außer Webekante – Stoff säumen und nähen. Drillich oder ungebleichtes Musselin muß von guter Qualität sein.

Für ein 3,60 m Tipi Rauchklappen auf 90 cm zuschneiden. Bei einem 5 m oder 5,50 m großen Tipi entsprechend vergrößern. Stangen sollten 60 bis 90 cm länger sein als Segeltuch oder Drillich.

1,2-cm-Tauringe und 10-cm-Schlaufen

Verstärke die Rauch- und Türklappen mit Hilfe des Fußes, den man beim Einnähen von Reißverschlüssen benützt.

Schnur 0,3 oder 0,2 cm stark

Für die Stangen längsgeschnittenes, rohes Kiefernholz besorgen. Spalten wie die vergrößerte Zeichnung unten zeigt. Kanten mit Ziehmesser oder Schabhobel abrunden und grau beizen.

2,5 cm

7,6 cm

Tipi-Muster

Bevor ihr euer Tipi bemalt, müßt ihr es auf dem Boden ausbreiten und mit einer wasserabstoßenden Flüssigkeit besprühen. Verziert es nach dem Trocknen mit Mustern, die ihr bisher auch schon verwendet habt. Anregungen findet ihr auf den Seiten 70 bis 73. Die indianischen Muster waren teils geometrisch und bezogen sich meist auf die Träume des Besitzers. Oft schmückte sein Totem die Türklappe.

Rot, Gelb, Schwarz, Grün und Weiß eignen sich als Farben. Blautöne bleichen schnell aus. Bemal den unteren Teil schwarz, dann sieht man den Schmutz nicht. Nehmt verdünnte Lackfarbe.

Erst auf einem Stück Segeltuch ausprobieren, ob Farbe nicht verläuft.

Ein Tipi läßt sich am besten bemalen, wenn man den Stoff auf einem ebenen Boden ausbreitet.

Auf der Türklappe macht sich das Totem des Besitzers gut.

Unbemalte Tipis sehen durch den Gebrauch bald schmutzig aus.

Die Innenwand des Tipis

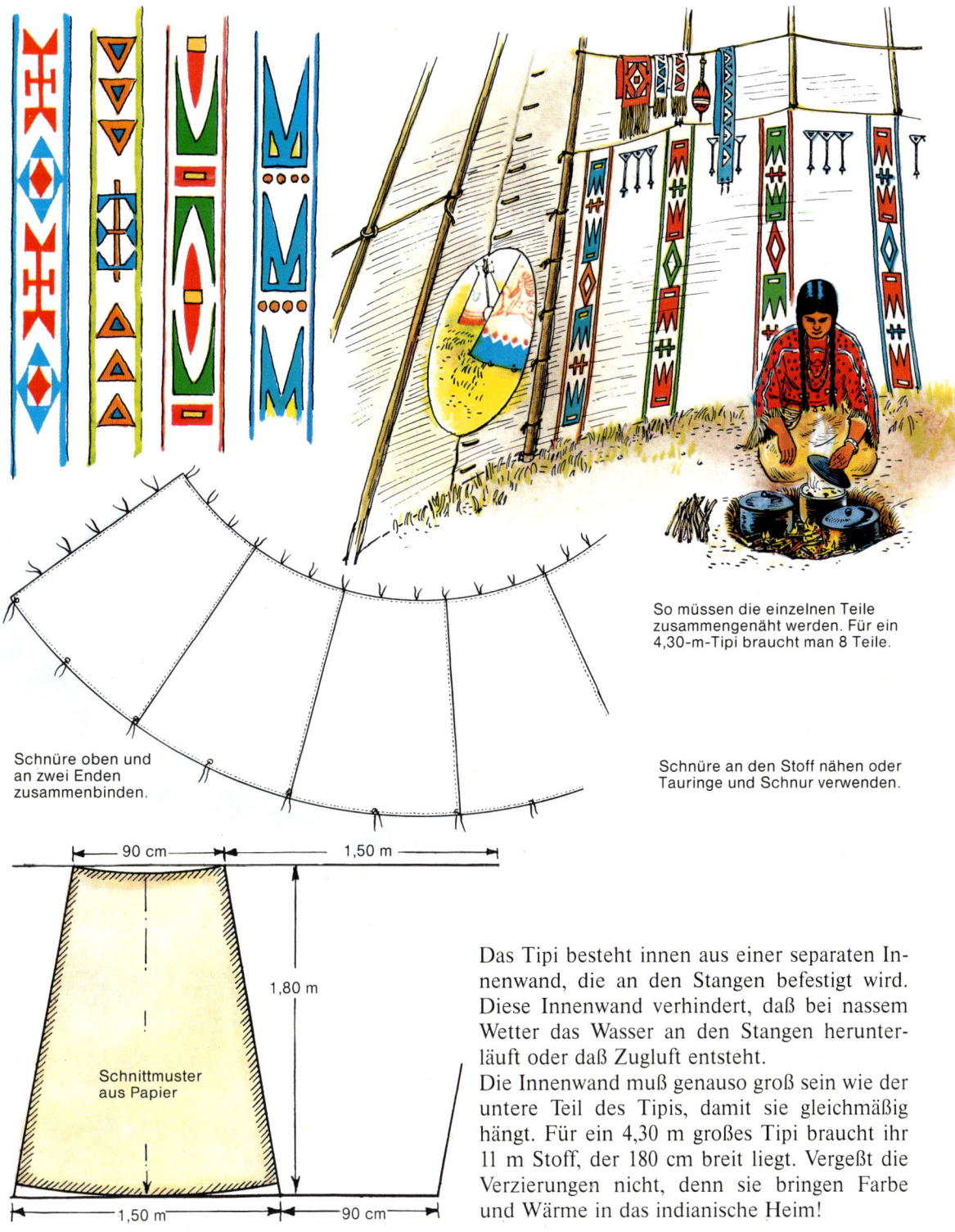

So müssen die einzelnen Teile zusammengenäht werden. Für ein 4,30-m-Tipi braucht man 8 Teile.

Schnüre oben und an zwei Enden zusammenbinden.

Schnüre an den Stoff nähen oder Tauringe und Schnur verwenden.

90 cm   1,50 m

1,80 m

Schnittmuster aus Papier

1,50 m   90 cm

Das Tipi besteht innen aus einer separaten Innenwand, die an den Stangen befestigt wird. Diese Innenwand verhindert, daß bei nassem Wetter das Wasser an den Stangen herunterläuft oder daß Zugluft entsteht.
Die Innenwand muß genauso groß sein wie der untere Teil des Tipis, damit sie gleichmäßig hängt. Für ein 4,30 m großes Tipi braucht ihr 11 m Stoff, der 180 cm breit liegt. Vergeßt die Verzierungen nicht, denn sie bringen Farbe und Wärme in das indianische Heim!

Totempfähle

Die Indianerstämme, die in den Flußtälern und auf den Inseln im Nordwesten Nordamerikas lebten, werden Küstenindianer genannt. Sie sind berühmt für ihre Holzschnitzereien, vor allem für ihre Totempfähle. Diese geschnitzten Zedernpfähle dienten ursprünglich als Eckpfähle für indianische Häuser. Später kam die Sitte auf, einen großen Pfahl vor dem Haus zu errichten. Es gibt verschiedene Arten von Totempfählen. Manche erinnern an die Toten. Andere stellen den Stammbaum des Besitzers dar oder erzählen ein besonderes Erlebnis.

Die Pfähle waren 12 bis 20 m hoch. Die größeren maßen im Durchmesser bis zu 2 m. Der Schnitzer spielte eine wichtige Rolle in seinem Stamm. Für seine Arbeit bekam er 100 bis 250 Decken. Anfangs wurden Pfähle schwarz, weiß und rot bemalt. Als die Händler künstliche Farben mitbrachten, verwendete man auch andere Farben.

Die Herstellung eines Totempfahls ist eine sehr schöne Gemeinschaftsarbeit. Wenn ihr die Anweisungen auf diesen beiden Seiten befolgt, wird euer Totempfahl von einem echten indianischen nicht zu unterscheiden sein. Besorgt euch einen alten Telefonposten und entfernt einen starken Zentimeter von der Oberfläche. Auch ein grüner Fichtenstamm läßt sich gut schnitzen. Schnitzt die auf dieser Seite abgebildeten Muster der Küstenindianer hinein. Ein bis vier Muster machen sich am besten. Ein Totempfahl braucht Zeit und Geduld, aber die Arbeit lohnt sich.

Werkzeug muß immer scharf sein.

Ziehmesser

Holzklopfer

Handaxt

großer Meißel

Schnitzmesser

Muster von alten Totempfählen

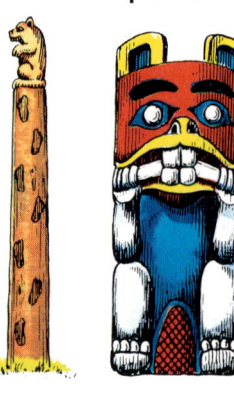
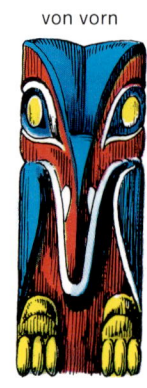
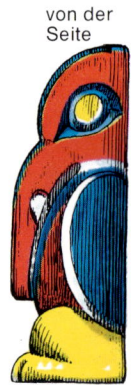

von vorn

von der Seite

1. Zuerst etwa ⅓ von dem hinteren Teil des Pfostens abspalten und mit einem Ziehmesser glätten.

2. Pfosten etwa hüfthoch auf Sägeböcke legen. Mit Ziehmesser glattschneiden.

3. Gewünschte Muster mit Wachsstiften oder dickem, weichem Bleistift aufzeichnen. Nur die wichtigsten Umrisse, so genau kommt es nicht darauf an.

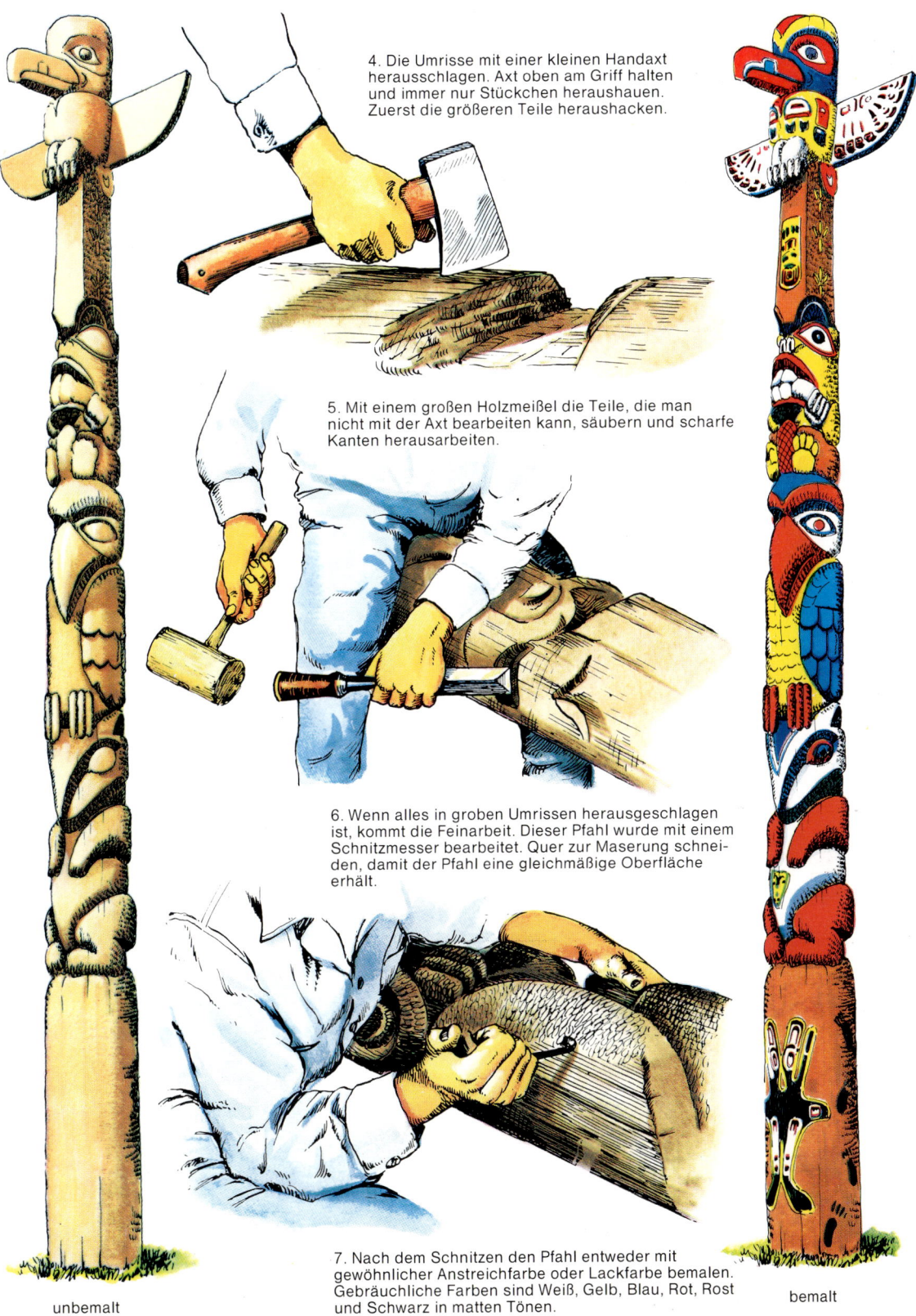

4. Die Umrisse mit einer kleinen Handaxt herausschlagen. Axt oben am Griff halten und immer nur Stückchen heraushauen. Zuerst die größeren Teile heraushacken.

5. Mit einem großen Holzmeißel die Teile, die man nicht mit der Axt bearbeiten kann, säubern und scharfe Kanten herausarbeiten.

6. Wenn alles in groben Umrissen herausgeschlagen ist, kommt die Feinarbeit. Dieser Pfahl wurde mit einem Schnitzmesser bearbeitet. Quer zur Maserung schneiden, damit der Pfahl eine gleichmäßige Oberfläche erhält.

7. Nach dem Schnitzen den Pfahl entweder mit gewöhnlicher Anstreichfarbe oder Lackfarbe bemalen. Gebräuchliche Farben sind Weiß, Gelb, Blau, Rot, Rost und Schwarz in matten Tönen.

unbemalt

bemalt

Register